なぜ外国人女性は前髪を作らないのか

サンドラ・ヘフェリン
Sandra Haefelin

中央公論新社

まえがき

「幸せになる」――そう聞くと貴女(あなた)は何をイメージしますか？　一般的にはそれは「結婚」とつなげて考えられることが多いようです。現に結婚が決まった女性には「幸せになってね」と声をかけます。また若い独身女性が会話の中で「誰々ちゃんには幸せになってほしい」と言う場合、それは「誰々ちゃんには結婚をして女性としての幸せを味わってほしい」という意味であることが多いです。「幸せ」という言葉を辞書で調べると、そこに女性と結婚をつなげるような記述はないにもかかわらず、世間一般では今に至るまで女性の幸せというものは結婚とつなげて考えられてきました。

実はこれと似たような感覚は〝私のもう一つの母国〟のドイツにもあります。女性の幸せを「結婚」と結びつけて考える感覚こそ日本ほど強くないものの、「女性はパートナーがいないと幸せとはいえない」という考え方は根強いのです。ここでいうパートナーとは夫だったり彼氏だったりしますが、「女性の人生は男性がいないと幸せとはいえない」という意味では日本と似ていると思います。
　ドイツで22年、日本で23年生活してきた私（昨年まで私は「日本とドイツでそれぞれ22年過ごして、ちょうど半々であること」が自慢でしたが、今年から日本での滞在のほうが長くなりました）が二つの国でいろんな女性と交流をする中で、「女性はこうすれば必ず幸せになれる」と一つの型にはめることはできないと思うようになりました。

　結婚したら絶対に幸せになれるわけではないし、子供を持つことがイコール幸せとも限りません。だったら女性はどうしたら幸せになれるのでしょうか？　……自分のことも含めてずっとそんなことを考えてきました。皆さんがこの本を読み始める前に明かしてしまうと……「人生でこういう選択肢をしたら幸せになれる」ということは書いてありません。それは女性の生き方に「正解」などないからです。でも自分が嫌だと思う生き方はしなくていいし、嫌なことにはノーを突きつける強さがあれば、結果的に自分が心地良いと思える空間に身を置くことができます。そういった場を重ねていくことで幸せ度は確実にアップします。

要は女の人生にも「いろんな幸せがある」という話です。独身だって幸せになれるし、既婚者だって幸せになれるし、バツイチだって幸せになれるし、子供がいてもいなくても幸せになれます。「生きづらさ」を感じる時、外的なことが理由である場合もある一方で、気づかないうちに「自分で自分を型にはめようとしている」ことが原因のこともあります。そしてそれは日本に限った話ではありません。そんなことを発信したくて原稿を書いてきました。

海外が全てバラ色というわけではない

ちなみに、この本は「海外はこんなに素敵！　海外のほうが日本よりも優れている」という内容のものではありません。〝私のもう一つの母国〟であるドイツの黒い部分や微妙なところも多く盛り込みましたので、読んでいく中で「こんなんだったら日本のほうがいいや」とよりハッピーな気持ちになってもらえるかもしれません（笑）。……冗談はさておいて、先ほど二回〝私のもう一つの母国〟と書きましたが、わかりにくいかと思いますので、私自身について簡単な自己紹介をします。私サンドラは父親がドイツ人、母親が日本人のいわゆる「ハーフ」です。子供の頃から、母からは日本語で、そして父からはドイツ語で話しかけられる、という環境の中で育ちました。私が答える時も、もちろんそれぞれの言語で話します。そのため「日本語もドイツ語も母国語」だと自分では思っています。母国語が二つあると同時に、「母国」も二つあると感じています。22歳まで過ごしたドイツは間違いなく母国ですし、母を通して子供の頃から日本の文化の中で育っていますし、22歳から45歳に至る現在まで日本に住んでおり、これからも住み続ける予定ですので、日本も間違いなく「母国」です。そんなこんなで「母国が二つ」あるため、ドイツについて〝私のもう一つの母国〟という書き方をさせていただきました。

「ノーと言うこと」には慣れている

二つの国の文化の狭間で育ったことで大変なことはたくさんありましたし、むしろ良いことよりも大変なことのほうが多かったかもしれません（笑）。でも一つ良いことがあるとしたら、それは「周囲のいろんなお節介な声を撥ね除ける力」がついたことかな、と思います。

女性が生きていると、周りからの「お節介な声」に悩まされることがあります。「早く結婚したほうがいいよ」にはじまり「そんな格好をしているとみっともないよ」「やっぱり子供は持ったほうがいいよ」「仕事ばかりしている女性は寂しいよ」などなど。女性は家族や親戚、友達や同僚、知人などからこの手のことを言われることが少なくありません。

そんなことを言われて嬉しいと感じる人はまずいないと思いますし、そこで不安になったり嫌な気持ちになったりするのは、誰でも同じだと思います。けれども私自身に関しては、ハーフであるため子供の頃からドイツでも日本でもいろんなことを周囲から言われてきました。ドイツに住んでいた時は「どうして日本に住まないの？　日本に住んだほうがいいよ」と言われたことがありますし、日本に住んでからは「どうしてドイツに住まないんですか？　ドイツのほうが住みやすいのだからドイツに住んだほうがいいですよ」と言われることもあります。でもそれをイチイチ真に受けていては、ハーフの人生はやってられません。その都度「私は今ここにいるのだから」と、相手の言うことにノーを突き返してきました（笑）。

皮肉なことに、その経験が女性として生きる中でも役に立っていると思います。「女性としてあなたはこういう生き方をすべきだ」と言われても、揺らぐことはありませんし、

「そんなのノーに決まってるでしょ」って鼻で笑っていたりします。……はい、感じ悪くてすみません。

おそらく自分もそうなのでしょうが、人とは本当に勝手なもので、他人の存在や生き方についてて簡単に「あれこれ言いがち」なのですね。でもその手の「雑音」を受けて「私の生き方は間違っていたのかな……?」と不安になってしまう人にはこう言いたいです。「相手も気軽な気持ちで言っているのだから、自分も気軽な気持ちで『ノー』と言い返していいんだよ」と。女の人生、基本は雑音を無視して我が道をいくことが幸せにつながると思っています。

前髪からアンダーヘアまで

私自身、ヨーロッパと日本の両方で生活をしていく中で、その地の女性がどんな生き方をしているのか、どんな悩みを抱えているのかなど、「その国特有の女性の立ち位置」のようなものも含めて「現場」を見てきたつもりです。今でも女友達が多く、なんだかんだと理由をつけては女友達と集って語り合うことが多いです(いわゆる女子会)。何げない話をしている中で、それまで意識してこなかった日本と海外の違いが見えてくることがあります。

この本にも、「外国人女性が前髪を作らない理由」や、なぜヨーロッパには「すっぴん」という言葉がないのか、という軽めの話から、「アンダーヘア」（65頁、ヨーロッパで「アンダーヘア・ゼロ」が流行る理由）の話、なぜヨーロッパではTバックをはく女性が多いのかという下着事情まで、直接人には聞きにくい話をたくさん盛り込みました。

いくら外国人の友達が多くて、女性同士で仲良くしていても「あなたたち夫婦はどちらがお金の管理をしているの？」とは聞きにくいですし、「セックスレス」（146頁）の話もまたしかりです。でも実はほかの夫婦の性生活やお金の管理にまつわる話こそ気になるし楽しいものです。それは私だけでしょうか……。

「旦那デスノート」などニッポンの闇と思える部分についても書きました（188頁、「主人在宅ストレス症候群」は日本特有？）が、「なぜ欧米人の男性は恋人の女子会に参加したがるのか」（235頁、女子会に男が参加する「家族ぐるみ」の付き合い）などヨーロッパの「微妙な部分」についても盛り込み、バランスをとったつもりです。

出羽守（デワノカミ）について。海外情報は自分の好きなものだけを取り入れよう

女性の生き方を考える中で日本と海外を比較することも多いため、本書には「ドイツでは〜」「ヨーロッパでは〜」「欧米では〜」で始まる文章も多いです。いわゆる「出羽守」（デワノカミ）です。これを受けて「海外では海外ではって……ここは日本なんだよ」と言いたくなる気持ちもわかります。このデワノカミが時に鼻につくものであることは私も重々承知しています……。

本書の海外情報については、「これは自分に合うな」というところ、つまりは自分の好きな部分だけを取り入れていただき、そうでないものについては無視していただければと思います。「これはどう考えても日本のほうがいいな」と思う部分は、そのまま日本流を貫いてください。

先ほど女性の生き方に正解はないと書きましたが、今は強い意志さえあれば多様な生き方をすることは可能なのですから、「これだけは絶対にしたい」という自分の中の優先順位を大事にしてください。インターネットなどでも話題になっている「壺（つぼ）」の話がわかり

やすいかと思います。壺に、どうしても大きな岩を入れたいと思う場合、その大きな岩はほかの物よりも「先」に入れなければいけません。砂利や砂、水などそれほど優先順位の高くないものは、「大きな岩」を壺に入れた「後」に入れるのが正解です。なぜなら優先順位の低い砂利や砂、水などを先に壺に入れてしまうと、「大きな岩」が壺に入らなくなってしまうからです。「壺」を「自分の人生」にたとえ、「大きい岩」を「自分の人生でどうしてもやり遂げたい優先順位の高いこと」にたとえるとわかりやすいです。人によってそれは仕事だったり、恋愛だったり、家庭だったり、趣味だったりと、それぞれ違うことでしょう。女性の人生は、この優先順位というものに真剣に向き合わないと、周囲になんとなく流されてしまいかねません。

ただ「あの時に判断を誤ったな」ということがあっても気にすることはありません。日々の生活の中で優先順位を決めなければいけないことはたくさんありますから、そこで軌道修正をすればいいってもんです。全てはこれからもっと幸せになるため。この本がヒントだというのはおこがましいですが、一つの刺激になれば嬉しいです。

2021年2月

サンドラ・ヘフェリン

なぜ外国人女性は
前髪を作らないのか

目次

第2章 こんなに違う 結婚のなぜ？ 89

第3章 こんなに違う 子作り&育児のなぜ？

第4章 こんなに違う 男女関係のなぜ？……201

装幀　永井亜矢子
カバー写真　ゲッティイメージズ
（Westend61）

第1章

美意識のなぜ？

こんなに違う

国によって違う「美しさ」の基準

私は海外へ行く時、少々ドキドキしながらも現地の美容室へ行ってカットしてもらうのが好きです。美容師さんとお話しして、美容室においてあるヘアカタログを見ると、なんとなくその国のスタイルや流行がわかるもの。お店で売られている化粧品や美容グッズをチェックしたり、現地の女性誌に載っている美容情報を見たりするのも面白いです。そして毎回考えさせられるのが、国によって違う「美的感覚」のこと。

「髪」にまつわる常識とは？

日本で美容室に行くと、髪を梳いて軽く見せるスタイルが主流のよう。ヘアカタログや美容誌を見ても、黒髪にボリュームを出し、髪の多さを強調するような髪形はあまり載っていません。日本の美容室は、「そのままにしておくとボリュームが出すぎる髪を、なんとか軽くしてもらう」場のよう。女友達と話していても「雨が降ると髪が広がりやすいから、広がらないような切り方をしてもらった」など、「軽さ」にとてもこだわっている印象です。

ところがドイツなどヨーロッパの国の美容室に行くと、髪の毛が細くコシがないと悩む女性が多いことから、美容師さんに「こうするとボリュームがもっと出るわよ」と、ボリュームを出すヘアスタイルをすすめられることがとても多いのです。実際に美容室に行き、パーマもそうですが、切り方を工夫して、ボリューミーな（ちなみに「ボリューミー」は和製英語です）スタイルにしてもらう女性が多く、美容室＝髪を切るところ、そして「ボリュームを出すところ」といった感じです。

余談ですが、日本に来るヨーロッパ人は「黒髪でロングストレートヘアの日本人女性」に憧れている人も多く、近年のカラーリングや「髪を梳く」ブームを見て、「なぜきれいな黒髪をわざわざ茶色に染めるのか」「なぜわざわざ髪に段を入れるのか」と、まるで昭和の中学校の生活指導教諭のような発言をする人がいたりします。

鼻は鼻でもところ変われば……

「鼻」に関しては、もしかしたら「髪」以上に「感覚の違い」が目立つかもしれません。日本など東アジアでは鼻の美容整形というと、「鼻を高くする」「鼻筋が通っているように見せる」人が多いように見受けられますが、ヨーロッパ及び中東諸国では、「鼻を小さくする手術」または「鼻を低くする手術」が主流なのでした。たとえば、イランではお年頃の女性が鼻に大きなばんそうこうをしていると、周囲は「あら（鼻を小さくする）手術をしてきたのね」と暗黙の了解でわかるそうなのです。

「美肌」とは美白を追求すること？　それとも……？

日本では美肌を保つためには紫外線から肌を守るというのが一つの常識となっていますが、日照時間が少ないドイツや北欧の国ではビタミンD不足がたびたび話題に上っており、「お日様」と出会えるのはむしろラッキーなことだという感覚があるため、チャンスがあればとにかく皆さん肌を焼きたがります。

自国だと「焼ける」時間が限られているため、基本的にはバケーションで南の島へ行く際に思いっきり焼きます。母国に戻ってからは、日焼けサロンへ通うことで、「こんがり」をなるべく長く保つ努力をします。そして美白の逆をいく「塗ると焼いたように見えるクリーム」や「塗ると早く焼けるクリーム」が人気です。

ドイツでは特に「脚」に関しては厳しく、夏に短いパンツやスカートをはいて焼けていない脚を見せると、「脚が白いけど、大丈夫？」と周囲から心配の声が上がったりします。「少し外に出て焼いたほうがいいよ」というおせっかいなことを言ってくる人が多いのも、日本とはだいぶ違いますね。

こうやって美的感覚の違いを見てみると、改めて世界は広いんだなと感じさせられます。それにしても、美への追求はどこの国でもある種の「ないものねだり」のような気がするのは私の気のせいでしょうか。

外国人女性が前髪を作らないわけ

先日、ある女性から「日本では前髪を作っている女性もいるけど、ヨーロッパではあまり見かけないのは、どうしてですか？」と聞かれました。確かにファッション同様、髪形に関しても国によって傾向というのがやっぱりあるのですね。

前髪を作ると……

さっそくタイトルにもある「前髪」についてですが、考えてみると、ドイツを含むヨーロッパでは前髪を作っている成人女性はあまり見かけません。そう、「成人女性」と書きましたが、まさにそのあたりに理由があります。

というのは、前髪を作ると、おでこが広い人は、いわば顔の半分近くが隠れてしまいます。そうすることにより、顔は「幼い」印象になります。

ところがヨーロッパでは、ファッションも髪形も「大人の雰囲気」をもつ女性が支持されますので、「かわいく見せたり」「子供っぽく見せたり」というような〝おしゃれ〟からは足が遠のく傾向があるのです。

前髪を作るのは子供だけ⁉

ちなみにドイツ語で前髪は「ポニー」と言いますが、その言葉通り、前髪は小馬を連想させます。この言葉から、「小さい女の子」をイメージします。実際にドイツでは、子供や思春期の少女が前髪を作った「ポニー姿」を見かけることはよくあります。しかし、「大人っぽくなりたい」という年齢になると、多くが前髪とは〝おさらば〟します。

ただ、前髪を作らないのは、欧米人の場合、髪の毛が柔らかく、元々ウェーブがかかっているという髪質も実は関係しています。日本でよく見かけるような「直毛でまっすぐ整った前髪を作る」ことが難しいのです。

ところで、一つイジワルなことを言っていいですか。私の偏見かもしれませんが、上目遣いをする女性は前髪を作っている印象があります。考えてみれば、上目遣いも前髪もある種の「幼さ」や「弱さ」をアピールするものなので、つじつまが合いますね……って私、なんだかものすごく感じの悪いことを書いちゃっていますが、私も前髪を作らない保証はないわけで……その時はどうか許してくださいね。

世界のカラーリング事情

日本では、黒髪を茶色に染めるカラーリングがだいぶ前から主流ですよね。何年か前に、日本の美容室で「髪を真っ黒に染めてください」と言ったら、美容師さんに「今時こんな色（真っ黒）に染める人は珍しいですよ」なんて言われてしまったぐらい、茶色くカラーリングすることは常識というか、時代の流れのようです。

実は、ヨーロッパでも多くの女性が髪を染めています。何か月かに一度、髪を違う色に染める女性もいるぐらいで、「髪を染める」ということについては、欧米人女性のほうが冒険している印象があります。というのも、赤毛にしてみたり、黒髪にしてみたり、ベージュがかった金髪にしてみたりと、とにかく色のバリエーションが豊富なのです。

これは見ている側も楽しくて、「この人は髪をこの色に染めてから、○○色の服が似合うようになったな」といった発見があったりします。

ワンシーズンごとに別の髪色？

「何か月かに一度、髪の色を変える女性もいる」と書きましたが、人によってはまさにワンシーズンに一度といった感じで髪の色を変えるのは、日本でいう「衣替え」のようなものかもしれません。

ところでドイツの場合、家族や友達に髪の毛を染めてもらったり、器用な人は自分で染めたりと、必ずしも美容室で染めてもらうとは限りません。これは、元の髪色が明るめだと染まりやすいという事情もあるようですが、髪を染めるのが日常的であることとも関係していそうです。

髪の色でモテ方が変わる

以前、ドイツ人の女友達と話していて盛り上がったのは、「髪の色を変えると、今までとは違う男性にモテるようになるよね」というもの。

日本ではあまり見られない現象ですが、ヨーロッパの男性は「黒髪の女性が好き」だとか、「金髪が好き」「濃い茶色の髪が好き」などと、容姿の好みを語る時に「髪の色」が登場することが多いのです。

そんな背景もあってか、「モテ」が目的ではなくても、女性が髪を染めると、今まで声をかけてこなかったタイプの男性が声をかけてきたりするので面白いです。もちろん、これは逆もしかりで、女性側も「髪が黒い男性が好き」などと自分の好みについて語るなど、異性にまつわる会話には「髪の色」がよく登場するのでした。

欧米人女性の髪形が「ナチュラル」な理由

日本の街中(まちなか)を歩くと、髪をきれいに手入れしている女性が多いなと感じます。日本の女性は仕事、プライベート、結婚式にお呼ばれした時など、TPOに合わせた髪形にアレンジするのが得意なようです。出かける前に、髪をブローしたり、ヘアアイロンを使ってまっすぐにしたりと、髪形に気をつかうことがわりと日常生活に組み込まれているように思います。

欧米人女性はというと、「どこまでもナチュラル」なヘアスタイルが主流です。いつも「ひっつめ髪」の人もいれば、日本の感覚からすると「ボサボサ」の髪を下ろしている人がいたり。日本ではあまり見かけることはありませんが、「先ほどまで髪を下ろしていた女性が、いつの間にか髪の真ん中に鉛筆を差し込んで、お団子ヘアにしていた」なんていう姿も見かけたりします。髪が軽いので、お団子の真ん中に鉛筆を差し込むことで簡単に髪がまとまってしまうのですね。

しかし、日本の感覚からすると、「髪に鉛筆？」とビックリされるようです。髪にペンや鉛筆を差し込むのは、そもそもアジア圏ではあまり主流ではないようで、私が昔、働いていた日本の会社でも、欧米帰りの帰国子女の女性が仕事中、髪の毛に鉛筆を差し込んでお団子にしていたところ、その場にいた日本人、韓国人、中国人がどよめいたことがありました。

そんなことからもわかるように、髪に関する「常識」というものも、国によってだいぶ違いますね。ではなぜ、欧米圏では「崩した感じのヘアスタイル」や「ちょっとヒッピー的な雰囲気のある髪形」が主流なのでしょうか。それは、髪形を「作り込み過ぎること」は不自然だという感覚がどこかにあるのだと思います。

きっちり作り込んだヘアスタイルは……

そして、「大人の女はナチュラルな髪形」という共通の認識もあるため、あまりに工夫されたものや、キッチリ感が強いもの、編み込みなどの手の込んだものは、どこか「子供向きの髪形」と見なされる傾向があるようです。

ちなみに、私が子供の頃はドイツでよく三つ編みやツインテールなどにしている同級生がいたのですが、最近のドイツでは、そういった髪形の子供も昔ほど見かけなくなりました。今では、小学生なのに前髪を作らず、大人びたワンレンにするなど、子供世代にも「大人ナチュラル」が広がっているようです。

美容室にはあまり行かない？

日頃からそんな「ナチュラルスタイル」の髪形が多い欧米人女性ですが、では、パーティーがある場合は髪形に「凝る」のかというと、それがそうでもないのです。結婚式に招待された時や、カクテルドレスを着る場面でも、髪形はナチュラルスタイルのままのことも。日本だと、結婚式に招待された時などには、美容室を予約する女性が多いようですが、ドイツの場合は、自己流でササッとアップにしたりする程度です。

日本では美容室の数も多く、髪を切ったり染めたりする以外にも、お出かけ前に髪をアレンジしてもらうために美容室へ行く女性も多いようです。一方、ドイツでは美容室というと、「主に髪を切りに行く」ところで、お出かけ前のブローやセットのために美容室に行く女性はあまりいません。

ヨーロッパでも地域差

ただこれは、ヨーロッパの中でも実は地域差があります。髪の毛を含む「オシャレ」に関しては、ドイツやオランダ、スカンジナビア諸国などは、素肌も髪も「ありのまま」のナチュラルであることが多いです。逆に、ヨーロッパの南に行けば行くほど、そして東に行けば行くほど、化粧も髪形も作り込まれていく傾向があり、日本でいう「女性らしさ」が増すので、ちょっと面白いです。

「ナチュラルなブロンド」へのこだわり

ドイツの女性は髪を染めるのが好きで、季節ごとに染めたり、ガラリとまったく違う色に染めたりと、わりと色に関して冒険をする人が多いです。ただ、「金髪」にする場合は「ナチュラルなブロンド」にこだわります。ベージュに近い色の金髪が「自然」だとされています。もちろん染めている時点で自然ではないのですが、それでもなるべく自然な金髪に見えるよう気をつかいながら染める人が多いです。

実は、生まれ持った金髪というのは、大人になると明るめの色とベージュが混ざっていたりします。濃い髪の色の人が金髪に染める時も、わざとベージュと明るい金髪を組み合わせ、メッシュなどを入れてあえて少し「まだら」にすることで、より「自然な金髪」に見せるなど、このあたりのテクニックはちょっとすごいかもしれません。

逆に、マクドナルドのロゴのような黄色っぽい金髪に染めるのはあまり好まれません。実は、私は20代の頃に日本で、仕事の関係で金髪に染めてもらったことがあるのですが、最初に染めた時、まさにマクドナルドのロゴのような「真っ黄色の金髪」に染まってしまいました。この色は、日本人の評判は悪くなく、写真映えもしたものの、その後に会ったドイツ人の友達がみんな一瞬、無言になったことが懐かしく思い出されます。

髪形もそうですが、髪の色に関しても、まさに国が違えば「好み」が違う、ということがはっきりとわかった瞬間でした。

管理型社会の象徴としての「黒髪信仰」

「女性の髪」を考える時にいつも思うのは、日本の会社や学校などには「髪」にまつわるルールが多いということです。一部の会社では「社員の髪の色は黒でなければいけない」というルールがあるといいます。

地毛が黒ではなかったり、ストレートではなかったりして、生徒が学校側から「地毛証明書」の提出を求められることが近年、メディアでたびたび話題になっています。様々なキャンペーンを発信しているサイト「change.org」では「＃この髪どうしてダメですか？地毛の黒染め指導はやめてください」というハッシュタグのもと、署名活動も行われています。

もちろん、日本の全ての学校で地毛証明書の提出が義務づけられているわけではなく、一部の学校に限られた問題ではあるのですが、その根底にあるのは、昔ながらのニッポンの「黒髪信仰」であるということは否定できません。言葉にこそ出さずとも、そこには「日本人であれば髪は黒いはず」「髪が黒でない場合は染めているはず」「染めているのは真面目(まじめ)でないから」というような思考回路が、一部とはいえ確かに存在しているのです。

それが結果として、「生まれた時から地毛が茶色い人は地毛証明書を出すこと」というなんとも理不尽なルールにつながっています。でも、日本人にも黒髪でない人はいますし、今は外国にルーツのある生徒も増えている以上、これはなんとも時代錯誤な校則だと言わざるを得ません。

「処女性」を求める男性の「黒髪信仰」

私は日本に住んで約20年になりますが、長年観察していて面白いなと思うのは、日常生活では髪の毛を茶色に染める女性も多くいて、いわば大人の女性が髪を茶色に染めるのは「ごく普通のこと」である一方で、「2次元の学生のキャラクター」や、「10代のアイドルの女の子」は「黒髪」であることが少なくないことです。黒髪には従順で若い女の子というイメージがあり、処女を連想する人もいて、そういう子が好みだという「黒髪信仰」の男性がいるからです。

余談ですが、先日、ある女性が「電車で長年、痴漢に遭っていたのだけれど、髪を茶色に染めた時から痴漢に遭うことがなくなった。茶髪のほうが気が強そうに見えるのかしらね」と話していました。話を聞いた時は「そんなことがあるのか」と不思議に思いましたが、もしかしたら、これは前述の「従順な女性には黒髪であってほしい」という一部の男性の思考とつじつまが合う話のような気もします。気持ちの悪い話ではありますが。

接客業も「黒髪」がスタンダード？

日本の学校の校則について書きましたが、では、大人の女性はこの手のルールとは無関係なのかというと、接客業や一部の古い体質の残る会社では「女性社員が黒髪であること」にこだわるところがまだまだあるようです。

実際に、日本の接客業では髪の色に関する細かい規定があるところが少なくありません。航空会社もそうですし、老舗（しにせ）のデパートの店員さんなども、あまりに明るく染めるのは不可だとされています。

会社側からすると、「お客様に失礼のないように」ということなのでしょうが、「観光客や消費者としての外国人」が増えているのはもちろん、現在は「日本に住み、日本で働く外国人や外国にルーツのある人」も増えている以上、黒髪のみを「清潔感のある髪」「接客にふさわしい髪」と見なすことはもはや時代に合わなくなってきていると思います。

いうまでもなく、世界には金髪から、ブルネット、赤毛に茶髪、黒髪など様々な髪の色の人がいます。そのため、当たり前ですが、欧米圏の会社に関しては、たとえ接客業であっても、緑色のような人工的な色を除いては「この色は接客にふさわしくない」という髪色に関する規定はありません。

「キチンとした場」では「黒髪」であるべきという空気

前述のように日本では、普段は髪を茶色に染めておしゃれを楽しむことが普通である一方で、「人生の節目」や「深刻度が問われる場面」においては黒髪が求められるような「空気」になることがよくあります。

たとえば、大学生の就職活動を見ていると、接客業ではなくても黒髪の学生が多いです。規則として明文化されているものではないのかもしれませんが、そこには就職活動は黒髪で行うという「暗黙の了解」のようなものがあるような気がしますし、もっと言うと、ある種の「同調圧力」があるのでしょう。

「深刻度が問われる場面」と書きましたが、日本のお葬式でも明らかに黒髪が多いのです。こういったことを改めて考えてみると、黒髪だと「キチンとしている」とか「場にふさわしい」と考えるのは、きわめて日本的な感覚だといえるでしょう。

「髪が金髪のほうが外国人らしい」？

ところで私は、先に書いたこととまったく異なるようで、ある意味、似たようなことを経験しました。

20代の頃、あるテレビ番組に出演することになった時に、「やっぱり髪は『金髪』のほうが外国人らしい」という意見が出て、髪を金髪にしたことがありました。これなど、前述の「黒髪信仰」とは関係がないようで、実は大いに関係があると思います。

そこには、「日本人の女性には黒髪であってほしいけれど、外国人女性にはちゃんと外国人らしくしていてほしい。そして、外国人女性といえば金髪」というような、ちょっと皮肉を込めて言うと「ある意味わかりやすい」思考回路があるのでした。

このように、日本では社会の至るところに髪の色にまつわる決まりがあったりしますが、日本を含め世界にはいろんな髪色の人がいるのですから、ゆくゆくは日本の社会が「どんな髪の色でも受け入れる」というふうになっていけば良いなと思っています。黒髪を良しとする文化は平安時代から続いているので、なかなか難しい問題ではありますが、それが今の時代の流れなのではないでしょうか。

クセ毛は「なおす」べきもの？

髪の色と同時に日本では、「髪がストレート」であることにも重点が置かれがちです。

何年か前に縮毛矯正をした時、毎日の髪のお手入れがとても楽になりました。髪がストレートだとなんだか写真うつりが良くなった気がして、大満足でした。ちなみに今もまた縮毛矯正をしたいなと思うことがありますが、美容師さんに相談したところ、「今はカラーリングなどで髪が傷み過ぎていて、縮毛矯正をしても、ちゃんとまっすぐにならないかもしれない」という恐ろしいお言葉をいただいてしまいました。縮毛矯正を含むヘアスタイルのことよりも、まずは髪の健康を第一に考えなくてはいけないようです。

縮毛矯正をしたことがある私ですが、やっぱり気になっていることがあります。日本ではまっすぐでない髪は「クセ毛」と言われたりしますが、これには明らかにネガティブな意味合いがあるように感じるのです。現に日本では「クセ毛で困っている」「髪が猫っ毛で困っている」という言葉をよく耳にします。言葉狩りだと言われればそれまでですが、そんな理由から私は「クセ毛」という言葉自体があまり好きではありません。日本の社会で「クセ毛」という言葉が使われる時、「なおすべきもの」という文脈で語られることが多いからです。「黒髪信仰」と似たようなもので、日本の学校や会社などには「まっすぐな髪がスタンダード」で「まっすぐな髪＝キチンとしている」という固定観念があるようです。

ヨーロッパの場合は、「髪をまっすぐにしなければいけない」という考え方はありません。日本でいう「クセ毛」の女性はヨーロッパのほうが日本よりも多いはずなのに、縮毛矯正がそれほど一般的ではないのは、やはり「生まれ持った髪のままでいい」という考え方が支持されているからだとも思います。実際に、ヨーロッパ系の航空会社の客室乗務員やグランドスタッフは、日本人の感覚からすると「ワイルド」に見える髪の人もいるのです。

しつこいようですが、世界にはそれこそ「クセ毛」の人はゴマンといますので、「直毛でなければ、キチンとした髪形とはいえない」という考えは厳しいものがあるなと、最近思うようになりました。

直毛で広がらない髪は清潔感がある？

日本では、接客業などでストレートの髪が適切だと考えられていることも多く、会社によってはわりと気軽に社員の髪質について言及したりしているようです。ただ今後、日本の労働市場には「新たな外国人材」が増えていきます。そうした中で、日本人の中に無意識にある「ストレートの髪がスタンダード」という考えのもと、「機械に髪が挟まれたら危険」といった業務上必要な理由がある場合を除いて、軽い気持ちで社員の髪質に言及したり、「こういう髪形にしてほしい」と告げたりすることには慎重になったほうが良いかもしれません。

「郷に入っては郷に従え」という考えもあるかもしれませんが、「清潔感のある髪は、直毛で広がらない髪」という考えを、髪質が様々な外国人に当てはめるのは無理があるのではないでしょうか。

現に、日本の会社で働くヨーロッパ出身の知人女性は、元からウェーブのかかったロングヘア（あえてクセ毛とは書きません）ですが、髪を結ばずに出勤していたら、日本人の上司から「清潔感がない」「縛ってほしい」と注意されたとのことです。ただ、同じ職場の日本人女性は、ストレートのロングヘアを垂らしたままにしており、髪は縛っていませんでした。

知人女性からすると、「なぜ、生まれつき髪質がストレートの日本人女性は縛らずに髪を垂らすのがオッケーで、生まれつきウェーブがかかっている自分の髪は垂らしてはいけないのか」と考えてしまいます。一歩間違えると人種問題に発展しかねないので注意が必要です。世界にはいろんな髪質の人がいる上に、日本のように「仕事のためには自分の髪形をも変えなければいけない」という考えを持っている人ばかりではないからです。

アメリカでは……

アメリカでは、「美しい髪」や「公の場やビジネスの場にふさわしい髪」の基準として、長年にわたり白人の髪質や髪形をスタンダードにしてきました。しかし、黒人の縮れた髪質では「ポニーテール」や「アップ」にまとめても、後れ毛が多く出て広がってしまいます。髪の毛が広がらないようにと、黒人がかねてよりよくしていた「コーンロウ」「ブレイズ」「ドレッドロックス」「ツイスト」といった髪形にすれば、これもまた「きちんとした場にふさわしくない」と受け入れられませんでした。黒人の髪質を理解しようとしない

黒人の髪質に合わせた髪形（写真は「コーンロウ」）(iordani/PIXTA)

白人の意見が幅を利かせていたのです。

結果的に多くの黒人女性が、生まれ持った髪をヘアエクステンションやストレートパーマによって「白人のスタイル」に近づけることを余儀なくされてきました。このような歴史を抱えたアメリカでは、2017年にミシェル・オバマ元大統領夫人が、ストレートパーマなどを施していない「生まれ持った髪」のまま公の場に出た時、歓喜の声が上がったほどです。

髪色や髪質が違う人のことを考慮せず、旧来のマナーを振りかざすのは、自分たちとは異なるバックグラウンドを持った人を排除することにもつながりかねません。「ふさわしい髪形」とはいったい何なのでしょうか。今後、介護や外食業などの分野で外国人がますます増える日本において、今一度、考え直してみませんか？

化粧は女性のマナー!?

日本では、化粧をすることが女性のマナーだという考え方が一部にあります。社会人の女性は「ビジネスの場」で化粧をしているのがマナーだと考える人もいますし、「恋愛の場」においても、たとえば掲示板サイト「発言小町」に「３回目のデートですっぴん」という投稿があるように、「デートの際に化粧をするのは当たり前」と考える男性もいるようです。こうした考えを受けてか、日本には人前に出る時は化粧を欠かさないという女性が多い気がします。

女性の化粧は義務!?

３回目のデートにすっぴんでやって来た20代半ばの彼女について、「失礼だと思いませんか?」と発言小町で問いかけた男性に対し、化粧をしないという女性から「肌が弱く化粧をすると肌荒れする」というレスがありました。この場合、化粧をしないのは自然な流れなのですが、化粧をしない理由として、「敏感肌」だとか「肌が弱い」しか社会的に認められないのだとしたら、それもまた問題ではないでしょうか。個人的には、化粧品による肌トラブルなどがなくても、「化粧をしない自由」ぐらい残しておいてほしいと思います。

ちなみにヨーロッパでは、ビジネスシーンでもデートの場でも、化粧については実に多様で「化粧をしている女性もいれば、化粧をしていない女性もいる」のが現状です。詳しくは後述しますが、ヨーロッパにおいて化粧たるものは、「しててもオッケー、しなくてもオッケー」程度のものであるわけです。

「すっぴん」という言葉がない!?

日本では、女優さんが自分の「すっぴん」の写真をブログに載せ、それがネットの記事になったりもします。すっぴんがきれいだと話題になりますし、すっぴんというものがある意味、特別視されているのかもしれません。

これは女優に限りません。私も先日、都内を歩いていたら、知人女性にバッタリ会ったのですが、会った瞬間、相手に「きゃー！　今日はすっぴんなんです！　あーっ、こんな日に会ってしまうなんて……」と言われました。その後、「さっきはすっぴんで失礼しました」というメールも来ました。

すっぴんでも、たとえば「近所のコンビニに行くだけならオッケー、電車に乗るのは不可」などと、「すっぴんでの外出は、どこからNGなのか」という基準を自分なりに決めている女性も多いようです。この「すっぴん」というテーマ、日本では話題が尽きません。

ドイツはというと、「すっぴん」なる言葉も概念もありません（無理やりドイツ語に訳すことは可能ですが、実際のところ、使われていない言葉です）。だからもちろん、人前でのすっぴんは「特別なこと」もしくは「恥ずかしいこと」といった感覚もないわけです。そんなこんなで、ドイツに限らずヨーロッパの人々に日本でいう「すっぴん」に対する感覚を理解してもらうことは、なかなか難しいかもしれません。

「花嫁さんは結婚式には化粧をしましょう」

以前、ドイツの女性誌を読んでいたら、結婚式に関する記事が載っていたのですが、そこには「花嫁へのアドバイス」として「やはり化粧をしたほうがきれいなので、花嫁さんは結婚式には化粧をしましょう」というものがありました。

日本の女性誌だったら、花嫁さん向けのメイク術だとか、誰にどのように化粧をしてもらうのかとか、もっと詳細な内容になるかと思うのですが、ドイツの場合は「花嫁は結婚式当日は化粧をしたほうが良い」というアドバイスにとどまっていたのが面白く、あまりの感覚の差に笑ってしまいました。

ヨーロッパ人女性が化粧をしない理由

ヨーロッパ人女性が化粧をしない理由についてですが、誤解を避けるために書いておくと、「地域差」はあります。もちろん、最終的にはどの地域でも女性それぞれ違うわけですが、全体的にみると、スカンジナビア諸国やオランダ、ドイツあたりでは、化粧をしていない女性を多く見かけます。逆に東ヨーロッパや、スペイン、イタリアなど南ヨーロッパの国に行けば、化粧をしていたり、いわゆる女性らしいおしゃれをする人が増える印象です。

ドイツ人の友達に「普段、化粧ってする?」と聞いてみたところ、「職場のために化粧はしないけど、夜遊びをする時は化粧する」という回答もありました(笑)。いずれにしても、ドイツ人の感覚だと、「化粧＝マナー」という感覚ではないようです。化粧はどちらかというと、気持ちと時間の余裕がある時の「オプション」といった感じでしょうか。

実際、日本人がヨーロッパに行くと、「すっぴん」の女性が多いことに驚くようです。確かに、たとえばソバカスがあっても、それをカバーしようとは思わない女性も多いです。私も日本人の女性に「なぜヨーロッパの女性は化粧しない人が多いの？」と聞かれることがありますが、理由は単純に「気にしていないから」だと思います。では、なぜ気にしないのかというと、「女性はいつでもどこでも、きれいでいなくてはいけない」という認識がない、もしくは日本よりも薄いからです。社会が「女性」と「美」をそれほど関連づけて考えていないともいえます。そんな背景もあり、ヨーロッパの女性は、もちろん個人差はあるものの、日本人から見ると「どこまでもナチュラル志向」に見えることがあるようです。

化粧をする場合は「ポイントメイク」

さて、日本を含むアジア圏では「すべすべな肌」が重要視されているため、化粧というと、肌がきれいに見えるファンデーションなどベースが大事ですが、ヨーロッパの場合は、肌には特に何も塗らず（もしくはパウダーだけ）、ポイントメイクだけ、という女性も多いです。前述の「夜遊びの時だけメイクをする」と答えたドイツ人の友達も、その際はポイントメイクなのだとか。金髪で肌の色素が薄い女性の場合、ポイントメイクも「まつ毛をマスカラで黒くする」ことが優先されたりします。

なにはともあれ、お国柄によって化粧に関する感覚の違いがあるわけですが、個人的には「女性＝化粧をしなければいけない」というのは少し窮屈に感じます。小心者のせいか、女性が複数いるグループの中に自分がいる時、そこに「化粧をしている人」「化粧をしていない人（あえて「すっぴん」とは書きません）」「ポイントメイクだけの人」などなど、いろんな人がいると居心地がいいなと感じます。

電車内での化粧は手先が器用な証拠!?

日本では、電車の中で化粧をする女性のマナーがしばしば話題になります。発言小町にも「最強！電車内メイク猛者（もさ）」というトピックがあり、電車内で器用に二重まぶたを作っている女性の様子が書かれています。この投稿の女性のように、ハサミやつけまつげ、ビューラーなど様々な化粧グッズを用いて電車移動中に大変身を遂げる人がいます。面白いのは、移動時間が長ければ長いほど、変身の過程というか、顔を作り込む過程が詳細に見られることです。

私も電車が空いている時間帯に長めの移動をする際、前述のような光景を見かけることがあります。しかし、私自身は電車内でメイクをしたことはありません。手先があまり器用ではないため、揺れる電車の中で化粧ポーチを膝の上に置いて、ポーチから化粧品を取り出す自分を想像するだけで、変な汗が出てきます。というのは、電車が揺れた拍子にポーチ内の化粧品が床に散乱するという大惨事を考えてしまうからです。

そんなこともあり、電車内で化粧をしている女性に関しては「器用だなあ」という印象しかありません。でも世間では、電車内での化粧は大変評判が悪く、「電車内での化粧はマナー違反」という声が多いようです。現に、私もよく「日本の電車内での化粧について、どう思いますか？」と聞かれます。「外国人の視点から見て、どうですか？」とも。

化粧が義務だから電車で化粧？

私自身も興味があり、ドイツ人の女友達に「日本の電車内での化粧について、どう思うか」と聞いてみたところ、「そこまでやるの？」という声が多かったです。「そこまでやるの?」とは、「電車の中に大量の化粧品を持ち込んで、それらを広げてまで、化粧ってやらないといけないものなの?」「別にノーメイクでいいのでは?」という意味です。面白かったのは、「日本は通勤時間が長いから、移動の時間を有効活用したいのもわかる」という意見があったこと。ある意味ドイツ的というか、合理的な考え方かもしれません。日本の電車内での化粧については、マナー違反というよりも、ただ単純に「なぜ、そこまでして化粧をしなければならないのか」を疑問に思っている様子でした。

欧州と違い、日本では化粧がいわば女性の義務のように捉えられることもあると考えると、電車内で化粧をする人が出てきても、それは自然な流れなのかもしれません。現に、女性は化粧をしなければいけないというプレッシャーがないドイツでは、電車内で化粧をする姿は見かけません。

日本にかわいい化粧ポーチがたくさんある理由

さて、朝、出勤する前に「家」で化粧をする場合、早めに起きなければいけないわけですが、日本では毎朝の化粧が10分程度の人もいれば、化粧のために毎日1時間早く起きる人もいるようです。前述のドイツ人女性にその話をしたら「1時間早く起きるのなら、化粧をするのではなく、毎朝1時間ぐらい散歩をしたほうが気持ちいい」とのことでした。

家でメイクをしても、一日中、外に出ている場合は、途中で化粧直しをするため、ある程度の化粧品を毎日持ち運ばなくてはなりません。そこで、日本の多くの女性は化粧品をポーチなどに入れ、さらにそれをバッグに入れて毎日持ち歩いています。そのため、日本の雑貨屋さんやデパートでは様々なタイプのかわいい「化粧ポーチ」が売られています。逆にドイツのデパートに行くと、洗面用具などを入れる旅行用の大きいサイズのポーチはよく見かけますが、日本で売られているような小さいタイプのものはあまり見かけません。そもそもヨーロッパの女性は、ポーチはもとより、化粧品を持ち歩く習慣があまりないのです。

ヨーロッパでモテるのは、フットワークが軽い女性

ドイツの街を歩いていると、「手ぶら」の女性が多いです。サイフや鍵（かぎ）、スマホやリップクリームなど最小限のものを、服やジャケットのポケットに入れ、あえてバッグは持たないのです。特に、遊びに行く時はこの傾向が強いかもしれません。

たとえば、ドイツのミュンヘンで毎年開催されているビールの祭典「オクトーバーフェ

スト」では、ビールが飲めるテントのほかに、ジェットコースターなど遊園地にあるような乗り物も多数あります。こういった場で「乗り物に乗ろう」となった時に、バッグを持っていなければ、パッと乗れるわけです。ビアホールで盛り上がると、みんなでベンチの上に立って肩を組んで踊ったりもしますが、そんな時もバッグがないほうが楽しめます。まあ、オクトーバーフェストはあくまでも一つの例ですけど、要は女性も余計な荷物はないほうが身軽だということなのです。

揺れる電車内での化粧は「危ない」という声もありますが、批判の対象となっているのは、どちらかといえば「危険性」というよりも、「人前での化粧は、女としてどうかと思う」ということだと思います。そこには「女たるもの、きれいになる過程を他人に見せるべきではない」「みっともない」という感覚があるのでしょう。「他人からどう見られているか」を気にする日本人だからこそ、「みっともない」ことは「マナー違反」であるという感覚につながっているのではないでしょうか。

ニベアの青缶でメイクを落とすドイツ人

普段はあまりメイクをしなくても、「スキンケア」は気になるという人は多いようです。実際に、日本のスキンケアのやり方は、海外と比べて「凝っている」のです。

段取りが「凝っている」日本のスキンケア

日本に住む外国人女性が驚くのは、日本人のスキンケアの方法です。同じメーカーのものを使い、「まずこのメイク落としを使って」「次にこの洗顔料で顔を洗って」「その後、この化粧水をつけて」「その上にこの乳液を塗って」などと、各自の肌質に合うスキンケア商品があるのはもちろん、使う順番も決まっています。

ヨーロッパにも、化粧水や乳液などはもちろんありますが、全部そろえるということはありません。決まった段取りでスキンケアをしている人はむしろ少数派です。日本の女性誌にはスキンケア関連の記事も多く、「洗顔後は30秒以内に化粧水をつけたほうが良い」といったような情報も盛りだくさんなのです。

日本ではスキンケアを入念に行う女性が多く、費用もかなりかかっているようです。メイク落としや洗顔料、化粧水に乳液にナイトクリームなどをそろえるとけっこうな金額になりますが、わりと値段を気にせず購入している印象です。

クリームやメイク商品、マニキュアまで「ニベア」が流行っているドイツとは大違いです。念のために言うと、ニベアは大変品質が良く、私も使っていますが、イメージとしていわゆる「高級感」のあるものではないような気がします。そんなドイツの状況と比べてみると、日本の場合、スキンケア商品はいわば「必須」のもので、特に贅沢だという感覚はないのかもしれません。

日本では「美しい人=肌がきれいな人」？

日本では、肌がきれいなことも「美」の条件だとされています。もっとも、肌がきれいだからといって即「美しい人」となるわけではありませんが、日本で「きれい、美しい」とされている女性はみんな、肌がきれいなのです。

日本に限らず、中国や韓国でも同様の傾向が見られ、「肌のきれいさ」が重要視されています。理想とされているのはやはり、ツルツルで凸凹（でこぼこ）やシワのないベビー肌です。もちろんヨーロッパでも、肌がきれいなほうが美しいのですが、「美肌へのこだわり方」はやはりアジア圏のほうが強いといえるでしょう。

ソバカスも気にしないヨーロッパ

ドイツでは、シミができて困っているだとか、ソバカスができて困っているというような話をあまり聞きませんが、実際に見てみると、ソバカスがある人はかなり多いのです。ただ、これはシワについてもいえることですが、シミ・ソバカスがまったくない肌になろうと頑張っている人はそれほどいないのです。

ドイツなどは一年にわたって日照時間が短いので、肌を太陽などから守るというよりは、普段から曇りや雨の日が多いのだから、太陽が出た日には「とにかく外で活動をして、なるべくたくさん太陽を浴びよう」という発想をする人が多いのでした。

太陽を浴びなさ過ぎると、体内のビタミンDが不足したり、骨粗鬆症（こつそしょうしょう）になりやすかったりするため、ドイツではスキンケアよりも「体の健康」を考える人のほうが多い印象です。まあ、もちろん肌も体の一部ではあるのですけどね。

ヨーロッパ人は洗顔をしない!?

日本では、朝起きたらまず顔を洗うという人が多いと思います。女性誌には定期的に「正しい洗顔方法」に関する記事が載るなど、「洗顔はスキンケアの基本」と考えられています。

実際に、いろんな肌質に合わせた洗顔料が販売され、泡立ちが良くなるような洗顔ネットもあったりします。「洗顔をすること」はいわば常識なのですね。

ところが、ドイツを含むヨーロッパ人は、洗顔をしない人が多いのです。というのも、朝起きてすぐにシャワーを浴びるという人が多く、顔もシャワーのついでにササッと洗うといった感じです。顔はあくまでも体の一部であり、「洗顔をする」という概念自体がないのでした（笑）。ただ、これは「お風呂は夜」の日本人 vs.「朝シャワーを浴びる」ヨーロッパ人の習慣の違いによるところも大きいですね。

化粧はニベアの青缶で落とす

では、ヨーロッパ人は帰宅後、どのようにメイクを落とすのかというと、日本流の「洗顔料をなじませて、水で洗い流す」という方法ではなく、ティッシュなどにクリームを含ませて、メイクを拭きながら落とします。この時に使うクリームは、メイク落とし専用のものもあれば、保湿クリームとして知られる「ニベアの青缶」を使う人もいて、それがわりと一般的なスタイルだったりします。クリームでメイクを拭いて落とした後、そのままの状態で過ごす人もいれば、石鹸でさっぱり洗う人もいます。いずれにせよ、朝起きた時にしても、メイクを落とす時にしても、洗顔があまり一般的でないことだけは確かです。

これは、もしかしたら気候の違いが関係しているかもしれません。湿気の多い日本とは違い、ヨーロッパの空気はどの季節も乾燥していますから。

「美白」がブームの日本

日本と海外のスキンケアの違いについて、そもそも、どういう肌を〝魅力的〟だと感じるのかにも文化の違いがあります。日本では近年、「美白」がもてはやされていますが、海外ではどうなのでしょうか。

　昨今、日本の化粧水や乳液などのスキンケア商品には「美白」をうたったものが少なくありません。そんな「美白ブーム」の日本ですが、１９９０年代後半から２０００年代前半には、顔を黒く見せる、いわゆる「ガングロ」や「ヤマンバ」がブームになったこともありますし、もっと前の１９７０年代には、カネボウ化粧品のキャンペーンガールに選ばれた故・夏目雅子さんの小麦色の肌が注目を集めました。

　このように日本でも「日焼けブーム」のようなものはちょくちょく起きているのですが、どちらかというとブームは「たまに」であり、根強いのはやはり「美白」の印象です。考えてみれば、日本には「色の白いは七難隠す」なんていう昔からのことわざもあるぐらいですものね。

　韓国の女優さんを見ていても、肌の色の白い人が多い印象ですし、中国でも色白が好まれる傾向があるといいます。中国では酒井法子さんが昔から人気ですが、中国人の知り合いに聞いてみたところ、顔立ちだけでなく、彼女の透き通るような白い肌がやはり好まれているのだといいます。そう考えると、日本を含めたアジアは「美白志向」だといえるのかもしれません。

　一方、「ガングロ」「ヤマンバ」に関しては、その姿をすっかり見かけなくなりました。

かつてのガングロが流行した世代の人は現在、30代後半ぐらいになっているはずですが、その年代で日に焼けた女性はあまり見かけないので、もしかしたら、かつてのガングロギャルも今は「美白」に走っているのかもしれません。

「日焼け」がステータスのヨーロッパ

それではヨーロッパはどうでしょうか。ヨーロッパの中央にあるドイツやその周辺諸国、北ヨーロッパなどは、一年にわたって日照時間が短いこともあり、とにかく「太陽」を求める人が多いのです。休暇が取れると南の島で思いっきり陽光を浴び、日焼けをして国に戻ってくることが一種のステータスになっていることもあり、「日焼け美人」がもてはやされています。

ドイツの場合は、日焼けをせずに年がら年中、白い肌のままでいると、周囲から「南の島に遊びに行けないかわいそうな人」というレッテルを貼られてしまうこともあり、何げに皆「日焼け命」だったりします。そんなこんなでヨーロッパでは「日焼けしている肌」に憧れる人が多いのですが、休暇で日焼けしただけでは「こんがり肌」を保ち続けることはできないので、自国に戻ってから日焼けサロンに通う人も多いです。

また、塗るだけで日焼けしたように見せてくれるセルフタンニングローションも人気で、ドイツの化粧品売り場に行くと、たくさんの商品を見かけます。それを使って多くの人が顔だけではなく、体全体を自然に「こんがり肌」にしようとしていますが、背中などには自分で塗りづらいのが難点です（笑）。

「こんがり肌」に見せるのも一苦労というわけですが、実際に南の島のビーチなどで長時間「肌を焼く」ことに関しては、ヨーロッパでは皮膚がんとの関連も問題になっており、近年ドイツでは「行き過ぎた日焼け」はしないよう注意を呼びかけています。

このように「極端な日焼けは肌に悪いのでやめましょう」という動きはドイツにもあるのですが、かといって「美白」がブームになることはありません。そもそもドイツで美白関連の化粧品を見たことがないのです。「行き過ぎた日焼け」に注意するようになった人が出てきたものの、そうはいってもやはり「美」の基準は「日焼け」と結びつけて考えられているようです。

欧米人がオープンカフェ好きな理由

日本では、夏の暑い日に外に出たいという人はあまりいません。ところが、ドイツにはオープンカフェが多く、少しでも太陽が出ると、まだ肌寒くても外に座ります。逆に、かんかん照りの時でも外に座ります。「太陽は絶対に逃したくない」という人が多いのです。日本の暑い夏でも、オープンカフェでは欧米人をよく見かけます。先日も都心のカフェで、今流行りの「持ち歩ける小さな扇風機」を手に持ちながら外に座っている欧米人がいました。やはりヨーロッパ流の「中にいるより、断然外！」という考え方が根強いのですね。

逆に日本人の女性は、日射病予防やシミ防止、そして何よりも「美白」の観点から外に座りたがらないようです。私自身はオープンカフェに座るのが大好きですが、気持ちがいいのはやはり5月や10月あたりなので、真夏や真冬はちょっと遠慮したいです（笑）。

アメリカの医薬品大手「ジョンソン・エンド・ジョンソン」（Ｊ＆Ｊ）が２０２０年６月、アジアや中東で販売されている肌を白くするためのクリームの販売を中止すると発表しました。同社はこれに先駆けて、多様な肌の色に合わせた「バンドエイド」の新商品の販売を発表しています。どちらも、「Black Lives Matter（ＢＬＭ、黒人の命は大切だ）」をスローガンに、世界各地で黒人差別に対する抗議活動が行われているのを受けたもので、日本でも話題になっています。

色白をもてはやす日本人が問われる「現代の美意識」

販売中止のニュースを受けて、日本のSNSでは「いくらBLM運動があるからといって、美白化粧品を販売中止にするのは違うのではないか」という意見が多く見られました。ただ、世界では今や、「美容」も「社会運動」と切り離せないものになっており、互いに無関係だとはいえません。

日本人の場合、「白人のような肌になりたい」という理由で美白を追求しているかというと、そうではありません。平安時代から日本にはおしろいがありますし、「色の白いは七難隠す」ということわざもあります。つまり、欧米の文化が入ってくる前から、日本人は「肌の白さ」を「美」とつなげて捉える傾向があったのです。

そうは言っても私は、今回のJ＆Jの判断は時代の流れに沿ったものだと考えています。ネットを見ていると、美白製品の販売中止について「納得がいかない」という声がある一方で、「日本でも、いろいろな肌の人が暮らすようになっているので、化粧品メーカーは肌色のファンデーションの幅を広げて、濃い色のバリエーションを増やしてもいいのでは」といった意見もあります。

今は、美容にも「多様性」を求める声が聞かれるようになっています。これまでは、肌の白さが「美」と関連して語られていたことで、多くの人が無意識のうちに「白い肌は良いものだ」という感覚をもっていたのも事実だと思うのです。

２０１９年には、テニスの大坂なおみ選手をアニメキャラクターとして起用した広告動画で、キャラクターの肌を本人よりも明るくしてしまい、これに対して「ホワイトウォッシュ（非白人を白人のように描くこと）に該当する」という非難の声が上がったこともありました。

私は、紫外線から肌を守るために日焼け止めを使うことには賛成ですが、「美白」を追求する化粧水やクリームなどのスキンケア商品はあまり好きではありません。

「形から入る」ことも大事

Ｊ＆Ｊの美白商品の販売中止については、様々な声がありますが、肌の美しさの多様性を追求するために、今回のように販売中止という「形から入る」のもアリだと思います。「こういう商品はもう販売しません」という企業の表明から、多様性を重視する姿勢が確かに伝わってきます。そして、こういったスタンスの企業が増えれば、単純に「肌が白いほうが美しい」という見方をする人も、長い目で見れば減っていくのではないでしょうか。

言葉に関しても、「形から入る」ことは悪くないと思います。言葉のパワーは強いので、「肌が白いこと」を「良いこと」だと印象づける言い回しや宣伝文句が多い一方で、「肌が黒いこと」についてポジティブな言及が少ない今の状態では、やはり前者を目指してしまう人が多くなると思うのです。日本にも多様な肌の色の人がいるので、今後は、「美白」という言葉を見直してみてはどうでしょうか。

日焼けした肌が好まれるドイツ

そもそもドイツ人がなぜ南の島が好きなのかというと、繰り返しになりますが、ドイツは日照時間が短いため、「少しでも太陽を浴びたい」と考える人が多いからです。そして「こんがりと日焼けした肌」は「頻繁に南の島に行ける人」としてドイツでは一種のステータスとなっています。そういった背景もあり、ドイツを含むヨーロッパのデパートでは、美白をうたう化粧品を見かけることはありません。

ところが、ヨーロッパでも、黒人がよく買い物に訪れるAfro Shopには、食べ物やヘアケア商品のほかに「ブリーチング商品」と呼ばれる美白化粧品が売られています。ブリーチング商品は一部の黒人の間で流行っており、なぜかというと、ビヨンセやリアーナ、ハル・ベリーを見てもわかるように、欧米の芸能界では「明るめの肌をした黒人」が美しいともてはやされてきたからです。だから、一般の黒人の間にも「少しでも明るい肌が美しい」という考えがあり、そういったことがブリーチング商品の人気につながっています。ただ、これらの商品には、肌に極度の乾燥や、湿疹、アトピー性皮膚炎、アレルギーなどを引き起こす恐れがあるとして医学界が警鐘を鳴らしており、販売規制が以前より厳しくなっています。

ファンデーションやパウダーについて、アメリカやヨーロッパでは黒人の肌の色に合うものも売られていますが、残念ながら日本での認知度はまだ低く、東京でファッションショーに出演したある黒人のモデルは「メイクさんが、黒人の肌の色のファンデーションやパウダーを用意していなかった」と嘆いていました。

「美のプロ」が多くいる場でさえ、自分の肌の色に合う化粧品が用意されていなかったり、消費者の絶対数が少ないとはいえ、自分の肌に合う商品が店頭に並んでいなかったりというのは、当人にすれば寂しいものです。

そういった面も踏まえると、J&Jの判断は世界的な潮流に沿ったものだと言えるでしょう。美白を追求するよりも、「どこの国にもいろんな肌の人がいる」という考えを前提に、多様な化粧品を展開していくことのほうが、時代に合っているのではないでしょうか。

夏の「ムダ毛処理」はエチケット?

夏は薄着になったり、ビーチやプールで水着を着たりする機会が増えるので、「キチンとムダ毛の処理ができているだろうか……」と、「毛」が気になる季節でもあります。だいぶ前から日本では、永久脱毛を施す女性が増えていますが、海外ではどうなのでしょうか。

ワキ毛の処理はエチケット?

日本では、「ワキ毛の処理＝エチケット」とされているようです。よって日本では、ノースリーブを着ている女性がワキ毛を処理していないのを見かけることはほとんどありません。そんな事情もあってか、ドイツなどヨーロッパ諸国へ渡航した日本人から怪訝(けげん)そうにこう聞かれることがあります。「ワキ毛が生えている女性を何人か見かけたのだけれど、向こうではそれが普通なの？」

さて、答えですが、「近年、ワキ毛を処理している女性は多いが、処理していなくても、たいしてマナー違反ではない」といったところでしょうか。ファッションに敏感な人、そして今の若い世代はワキ毛を処理している女性がほとんどですが、かといって処理をせずにノースリーブを着て公の場に出たとしても、「マナー違反」ではありません。そりゃ、処理している人たちから「処理すればいいのに……」と言いたげな視線を感じることもあるでしょうが、日本のように、周りが「なんだかヤバイものを見てしまった……」という雰囲気になるような深刻さはないというわけです。実際にドイツのオフィスや電車など公共交通機関でも、ワキ毛が生えている女性をときたま見かけます。

ヨーロッパで「アンダーヘア・ゼロ」が流行る理由

では、ヨーロッパ人全員が「毛」に無頓着(むとんちゃく)かというと、そんなことはなく、アンダーヘアを全部ない状態にする「ハイジニーナ」と呼ばれる脱毛が人気です。ブラジリアンワックス（粘着力のあるワックスを塗り、固まったところで一気にはがして毛を抜く方法）で処理することが多いです。

なぜアンダーヘアを「ゼロ」にすることが流行っているのかというと、それが好きな男性がいる（カップルでアンダーヘアをぜんぶ処理し、ツルツルにしていることも）というのもありますが、単純に「Tバックが人気だから」というのも理由の一つです。

ちなみに、生理の際、近年はナプキンよりも「月経カップ」がよく使われていることも、これと関係しています。こうやって見てみると、【お尻のラインを気にする→Tバックをはく→アンダーヘア・ゼロ状態→月経カップを使用】という方程式が見えてきます。

男性もアンダーヘアの処理で、ツルツルに？

「アンダーヘア・ゼロ状態」にするのは、女性に限った話ではありません。女性のアンダーヘア・ゼロが流行り始めてしばらくして、男性も脱毛するようになりました。以前、サッカーの香川真司選手がヨーロッパのあるクラブに所属していた際、日本のメディアに「ヨーロッパの選手に合わせて、自分もアンダーヘアを全面剃（そ）っている」と言って話題になったことがあります。

汗をかくスポーツ選手はもちろん、一般の男性もアンダーヘアを処理することが多くなってきていますが、「スッキリするから」「便利だから」「衛生的だから」「恋人とおそろいにしたい（恋人もアンダーヘア・ゼロ状態）」など、いろんな理由があるようです。ただ、欧州でそのような状態になった日本人男性が、日本に帰国して虫垂炎の手術を受ける際、病院関係者に驚かれて大変恥ずかしかった、という話も聞きました。確かに日本では、あまり一般的ではありませんものね。

脱毛技術が進んでいる日本

さて、日本で本当に驚くのは、脱毛の技術が進んでいること。専門のクリニックで、医療用レーザーで永久脱毛の施術を受ける女性も多いですよね。

夏に腕や脚、ワキなどに「毛がない」状態になるよう、冬の間に脱毛するという「パーフェクトな計画」を立てている日本人女性が多い印象です。日焼けした肌にレーザーは使えないという事情もあります。

ヨーロッパはというと、医療用レーザーなどを使った永久脱毛は日本よりも値段が高く、まだまだ主流ではありません。前述のブラジリアンワックスによる脱毛や剃毛（ていもう）、脱毛クリームなどが主流なのです。そのため、日本で見られるような「計画性」はあまりありません。ちなみにワックスに関しては、自分で器用にやる人もいれば、エステサロンでやってもらう人も。

いろいろ書きましたが、一つ言えるのは、アンダーヘアやワキ毛に対する常識は、国や文化圏によってだいぶ感覚が違うということです。……私ですか？　私もアンダーヘア・ゼロを考えましたが、日本の温泉巡りが好きなので、諦めました。地方の温泉に行くと、そうでなくても目立つのに、さらにそんなところで目立ってしまうのは、何としても避けたいな、と思ったからです。

でも、こうやって考えてみると、アンダーヘアって、どこの国でも、結局は「人の目」がモノをいうのかもしれません。ヘアをそのままにするのも、処理をするのも、「自分の好きなように」が基本のはずなのですけれど、実際には人の目が気になる、という現実。本当は、しょせん「毛」なので好きなようにしたらいいのですけどね。

下着が透けて見えるのはダメ？　平気？

日本や海外で街を散策しながらショッピングをしていると、国によるファッションの違いはもちろん、「下着」の違いについて驚かされることがたびたびです。下着に関しても実は、国や文化圏によってかなりの違いがあります。

ブラジャーに対する「感覚」の違い

日本では、世界の様々なブランドの、様々なブラジャーが売られていますが、そんな中でもヨーロッパとの違いを感じるのは、日本のお店では「ベージュ」や「うすだいだい」のブラジャーをよく見かけること。それらのブラジャーはだいたい表面がなめらかで、レースや刺繍（ししゅう）などは入っていません。

ドイツを含むヨーロッパでは、どちらかというとカラフルなものやセクシーなデザインのブラジャーをよく見かけます。日本でよく見かけるベージュのブラジャーというのは逆にあまり見かけないのです。

そのため、日本へ来てしばらくは「日本はベージュやうすだいだいが多いな。なぜだろう」と不思議に思っていたのですが、そのうちわかったのは、日本ではいわゆる「アウターに響かない」ブラジャーが好まれるということ。確かにこれらの色だと、服越しに色が透けることもありませんし、素材に関しても表面がなめらかであれば、たとえ薄手の服を着たとしても、下着の存在を「感じさせない」ですよね。

ドイツを含むヨーロッパでは、ブラジャーの存在を「外に感じさせない」ことはあまり重要視されていません。どちらかというと「ブラジャーそのもの」を楽しむ感覚です。オフィスであっても、ブラジャーのカラフルなストラップが見えている女性をよく見かけますし、服越しにブラジャーの色や模様が多少透けている場合もあります。それでも皆、あまり気にせずに、各自が好きなブラジャーを楽しんでいる印象です。

ドイツのブラジャーにはパッドがない!?

ドイツの下着売り場で目につくのは、パッドがついていないブラジャーが多いということと。これは「胸のサイズ」と関係していると勘違いされるのですが、実はそれほど関係がありません。ドイツのお店でパッド入りのブラジャーがあまり置かれていないのは、「ブラジャー越しに乳首が透けて見えても、皆があまり気にしないこと」と関係しています。そのため、ブラジャーの胸を覆う部分は、木綿の比較的薄い生地だったりすることも多いのです。

　ちなみに薄い生地だと洗濯がしやすく、何よりも干した後の乾きも早いので便利です。ブラジャーを頻繁に洗いたいという人も多いので、ドイツでスポーツブラを含むパッド無しのブラジャーが人気なのは、そういった「洗濯事情」も関係しているというわけです。

ドイツの民族衣装ディアンドル
(Sumners/PIXTA)

　日本だと、ブラウスやTシャツ越しに乳首が透けて見えることがマナー違反だと見なされる節(ふし)もあり、何かと話題になったりもしますが、ドイツを含むヨーロッパでは本人も周りも気にする人はあまりいません。日本でいう「胸ポチ」の感覚は、ドイツを含むヨーロッパにはないのでした。

　ドイツに関しては、胸やブラジャーが必ずしも「隠すべき存在」ではないのは、そもそも南ドイツの民族衣装Dirndl（ディアンドル）が胸を強調しているデザインであるから、ということも関係しています。

ヨーロッパにTバックが多い理由

ブラジャーに関しては冒頭の通り、その存在を強調することはヨーロッパでは普通のことなのですが、意外にも「ショーツ」に関しては「外に線が響いていないか」を気にする女性が多いのでした。

これは、近年のヨーロッパでは、スカートよりもパンツスタイルの女性が多いこととも関係しています。そして、体の線がハッキリ出るデザインのパンツが多いこともあり、Tバックが人気なのです。

パンツをはいた時のお尻のラインや、下着のラインを見せないことには比較的神経質なのに、こと胸やブラジャーに関しては「おおらか」なのが、日本人の感覚からするとちょっと不思議かもしれません。

布の面積に強弱がありすぎる各国の水着

夏は海水浴の季節ですね。海水浴といえば「水着」ですが、いろんな国のお店で水着売り場を見て回ると、日本と海外ではだいぶ水着のスタイルというか、デザインが違うということがよくわかります。海外のビーチで水着を見ると、どこの国の人だかわかる……というのは少し大げさだけれど、「国によってかなりの違いがある」のは確か。

ヨーロッパの人に好まれる水着とは

ヨーロッパの人が多いビーチを見ていると、ワンピースよりもビキニを着ている女性が圧倒的に多いです。「泳ぐこと」が目的のプールでもそうなので、日本の感覚だとちょっと不思議かもしれません。

ちなみに、ワンピースもビキニも、ドイツで売られているものは胸の部分にパッドがないことも多いです。ドイツ人の友達が、ドイツで買った水着を着て日本のプールに入ろうとしたら、監視員に「胸の部分が透けているようですので、申し訳ないのですけれど、ニプレスを貼った上で再度お入りいただけますか」と注意され、ご丁寧にもニプレスを買う場所の案内までされたのだとか。

前述の下着についても「ドイツではブラジャー越しに乳首が透けて見えても、皆があまり気にしていない」と書きましたが、水着に関してもまさにそう。しかし、日本では注意されてしまうこともあるようです。

さて、ドイツを含むヨーロッパのビキニに関していうと、色こそベーシックなものが多いのですが、全体的に「布の面積」が少なめのデザインのものが目立ちます。詳しくは後述しますが、どうもヨーロッパでは「水着とは……」という定義がはっきりしていて、「こういうデザインでないと水着と認めない」という頑固さを感じるのです。

たとえば以前、ドイツ人の知人と日本のプールに行った時、私は日本のいわゆる「競泳用の水着」を持っていきました。なんだか嫌な予感はしていたのですが、案の定、水着に着替えた瞬間、知人にこう言われました。「え……それ、水着なの?」。その時、私が着用していた競泳用水着は、ハイレグとはほど遠いところにある、いわば水着の生地が短パンのように太ももに張りついているタイプで、胸の前にはチャック、さらにデコルテは隠れていて、肌の露出があまりないタイプのものだったのです。

ところが、ヨーロッパには「水着とは肌を露出するもの」という定義があるようでして、その定義に合わないタイプの水着を着ていると、厳しい視線が飛んできたりします。もしかしたら、ヨーロッパ人にとって「水着」を着る場は、社交場というか「見せる場」であり、「魅せる場」という要素が強いのかもしれません。

デザインも多様なブルキニ

一方、日本のショップやデパートの水着売り場に行くと、ヒラヒラとしたデザインのものや、カラフルで肌を露出するタイプの水着も売られていますが、日焼けを防止するデザインのものも多いようです。水着の素材ではあるけれど、レギンスのように足を全部覆っていたり、腕を隠す長袖タイプだったり、ビーチ用の帽子を被（かぶ）ったりと、「完全防備スタイル」であることも珍しくありません。特に子供の付き添いで海やプールに出かける女性には、このスタイルが多い印象です。

さて、近年、ヨーロッパのプールでは「ブルキニ」をちょくちょく見かけるようになりました。ブルキニとは、「ブルカ」と「ビキニ」からくる造語で、肌を露出せずに、デザインもゆったりしていて体の線をあまり見せないイスラム女子のための水着です。

中東にはだいぶ前からこのスタイルがあったようですが、ヨーロッパでこのブルキニの存在が広く知られるようになったのは、ここ数年です。ドイツでは、イスラム教徒の女児が学校のスイミングの授業でブルキニを着たり、大人の女性がそれを着用して泳いだりと、目にすることが増えました。

私自身は買ったことはないのですが、フランスのショッピングサイトで紹介されているブルキニを見ていると、「デザインが多様で本当におしゃれだな」と楽しい気分になります。

肌全体を覆うデザインのブルキニ（ロイター＝共同）

本来は、女性が宗教上の理由から、肌を見せずとも水泳を楽しむためのブルキニですが、デザイン的に日焼けをしたくない人にも最適なので、日本の女性でこれを着てみたいという人も多いそうです。

私自身はブルキニの様々なデザインを見ていて楽しいし、多様な水着があってよいと思うので、ブルキニ女子を応援しているのですが、ヨーロッパではブルキニに見る多様性を応援する雰囲気もある一方で、フランスやドイツの一部の自治体などでは、ブルキニの着用を禁止しているところもあります。ヨーロッパでは、「水着」を巡ってしばしば文化の衝突が起きており、なかなか複雑な状況です。

リオデジャネイロ五輪（2016年）の女子ビーチバレーエジプト vs.ドイツ戦（AFP＝時事）

個人的には、ヨーロッパの「水着とはこうあるべし」という従来の考えから多少離れたところで、何の問題もないと思っています。印象的だったのが、リオデジャネイロオリンピック（２０１６年）の女子ビーチバレーのエジプトvs.ドイツ戦。

肌の露出の多いヨーロッパ風ビキニを着たドイツチームと、身体を覆う水着で参加したエジプトチームは「違う格好をしていても、一緒にスポーツはできるんだ」ということを世界に印象づけました。

日焼け防止のために中国で流行しているフェイスキニ
(Featurechina/共同通信イメージズ)

顔を覆う水着!?

ここ数年は顔を覆う中国の「フェイスキニ」が日焼け防止のために流行するなど、世界の至るところで水着が多様化しています。ヨーロッパの「顔やボディーを見せるのが水着」という考え方もあれば、「日焼け防止」や「宗教」を第一に考える人もいます。その多様な価値観が水着に表れているのですね。

民族衣装の影響で変わる「美的感覚」

どんな服が好まれ、逆にどんな服装がマナー違反と見なされるかは、国や文化圏によって違います。そして、どのような服装が〝美しい〟とされるのかは、その国の「民族衣装」の影響も大きいのではないでしょうか。

政治家が公の場でデコルテを見せるのはアリ？

日本では「アウターに響かないブラジャー」が根強い人気があるのに対し、ドイツを含むヨーロッパでは「ブラジャーそのもの」を楽しむ人が多く、女性の胸にわりと「おおらか」であると書きました。よってヨーロッパでは、オフィスなどでもブラジャーの模様や色が服越しに透けていたり、ブラジャーのストラップが少し見えていたりしても、あまり気にする人はいません。

2008年、ドイツのメルケル首相（左）とノルウェーの首相（当時）のオペラ鑑賞の様子。胸元が強調されたドレス姿のメルケル首相（AFP＝時事）

全体的に、なんというか「『胸の存在』が強調されていてもオッケー」な雰囲気が確かにあるのです。そして、それはオフィシャルな場でも同じです。写真はドイツのメルケル首相が2008年、ノルウェーの首相（当時）とともにオペラ鑑賞をした際のものです。

メルケル首相は、デコルテが強調されたイブニングドレスを着ていますが、このようにヨーロッパでは、公の場でデコルテを見せるのは「アリ」なのです。

民族衣装Dirndlの影響とは？

では、なぜドイツではオフィシャルな場で「胸」の存在が強調されても大丈夫なのでしょうか。これは、民族衣装も関係していると思われます。たとえば、前述の南ドイツの民族衣装「ディアンドル」は胸を強調するデザインです。このディアンドルの下に着るブラウスに関しても、デコルテが見えるタイプのものが多いです。

毎年秋にミュンヘンで行われる世界最大のビール祭り「オクトーバーフェスト」では、ウエイトレスはもちろん、来場者の女性の多くがこのディアンドルを着ています。

ディアンドルに関しては、いわゆる「谷間」を作って着こなすのが一般的なので、ショップの下着売り場では、民族衣装専用の「寄せて上げる」タイプのブラジャーが売られています。民族衣装がこのような感じなので、普段の生活において胸やデコルテが強調されていても、それは「普通のこと」だと見なされる傾向があるのでした。

日本の「マナー違反でない服装」とは

個人によって好みの違いはあるものの、日本では少なくともオフィシャルな場においては、胸の存在はなるべく隠すものだという考え方が一般的です。日本ではニュースを伝える女性アナウンサーは胸の存在を目立たせないデザインの服を着ていることが多いですし、女性の政治家に関しても、前述のメルケル首相はもとより、欧米の女性政治家と比べて控えめなファッションが多いように感じます。

これは私の個人的な感想ですが、日本でいわゆる「品がよい」服と見なされるのは、やはり胸の存在をあまり感じさせない服のよう。そして、そのあたりの感覚というか「美的感覚」はやはり、着物も関係しているのかもしれません。日本の着物は、まさにディアンドルの逆をいくもので、ある意味、「いかに胸の存在を目立たなくするか」が勝負だったりします。

胸の存在が目立つ場合は「胸つぶし」をし、綿花を入れて谷間を埋め、体の凸凹をタオルで補正した上で、ギュッとさらしを巻くと、きれいな仕上がりになります。

このスッとした着物の着こなしは、日本の普段の生活の中での服の着こなしにおいても、「何が常識的か」といった服装に関するマナーや人々の美意識に少なからず影響を与えているように思います。そういう意味で、「公の場で着る服において何が歓迎され、何がタブーと見なされるか」という点では、民族衣装にヒントが隠れているのかもしれません。

やっぱりＴＰＯが大事？

民族衣装に限らず、服装はやはりＴＰＯに気をつけたいところですが、このＴＰＯが、なかなか難しい場合もあります。というのも、私自身、少し前に不思議な体験をしたからです。日本国内で、あるドイツ関連のイベントがあった際に、主催者側から「当日はディアンドルを着てくるように」とのお達しがありました。

当然、当日は張り切ってディアンドルを着て出かけていきました。会場に到着すると、ドイツ人は「おー！　民族衣装だー！」と単純に喜んでくれたのですが、その一方で、一部の日本人男性からの「なんだかすごい服……」という視線が痛かったのです。胸の部分を凝視されたり、ある男性からは直接、「え……!?　サンドラさん、どうしちゃったんですか！」と言われてしまったり。もちろん「どうしちゃったんですか、って、これ、ドイツの民族衣装ですけど」と答えましたけど。

果たしてこの場合、ＴＰＯ的には、どうすればよかったのでしょうか……？　なんて一瞬、戸惑ってしまいました。でもよく考えてみると、このようなシチュエーションは、いろんな文化圏の人が集まる場においては「よくある」ことなのでした。民族衣装も、装いに関する「常識」も、国や文化圏によって違うのですから、当たり前ですね。あまり気にしないようにしたいものです。

コロナ前はマスク嫌いだった欧米人

2020年春から、世界中で猛威を振るう新型コロナウイルス。日本でも海外でも、安穏な暮らしが戻るには、まだまだ時間がかかりそうです。ところで、新型コロナが現れてから、欧米人もよくマスクをするようになりました。日本ではかねてより、花粉症の人や風邪の人はマスクを着けますし、感染症予防のためにマスクをする人もいたわけですが、マスク着用が欧米社会にも広がったのは、まさに「新型コロナによって」です。

「マスク＝不審者」のイメージ

新型コロナに脅かされる生活がすっかり世界の「日常」となってしまった今、欧米でもマスク姿の人は珍しくもなんともありません。しかし、「新型コロナ以前」の欧米社会を思い出してみると、欧米人のマスクというものに対する「アレルギー」は相当なものでした。

私は以前より、予防のためにマスクをすることがしばしばあったのですが、マスクを着用している日に、仕事などでうっかりドイツ人に出くわしてしまうと、必ずといっていいほど彼らからツッコミが入ったものです。「この間、会った時もマスクだったね。本当に君はマスクが好きなんだね」と皮肉を言われることもあれば、意味ありげに「君は本当に日本人なんだね」と言われたりと、とにかく「余計な一言」が多かったと記憶しています。また、何も言わなくても、怪訝な顔をしてこちらを見る人もいました。

日本国内にいるドイツ人でさえそうなのですから、ドイツ国内でのマスクに対する人々の拒否反応はすごいものでした。私自身、勇気がなくて、現地でマスクをして歩いたことはありません。それもそのはず、新型コロナが現れる前のドイツでは、マスク姿というと、銀行強盗もしくは不審者というイメージでした。欧米人にとって「相手の顔が見えない」というのは、怖くて不気味なことだったのです。

サングラス、欧米は「ＯＫ」日本は「失礼」

「顔が見えないのが怖いはずなのに、なぜ欧米ではサングラス姿の人をよく見かけるの?」と反論がありそうです。これには様々な理由がありますが、その一つに、日本人も欧米人も互いに意識していない「礼儀」や「美意識」の問題が挙げられるかと思います。

欧米人は主に「口」で表情を作るので、顔の下半分が見えないと、相手の表情がわからず怖い、不気味だと感じる傾向があるようです。そのため、「顔の下半分」を隠すのは、相手に対して失礼であり、礼儀に欠けている、という捉え方をする欧米人が多かったのです。

逆に日本では、「サングラスは失礼」だと考える人が多いようです。私が日本に来たばかりの頃、プールサイドにあるカフェでアルバイトをしていたのですが、屋外であったためにまぶしくてサングラスをしていたら、「サングラスで接客をするのは失礼」と怒られました。ただし、サングラスを外すと、まぶしくて目を開けていられなかったため、「目が弱いんです」と説明し、サングラスをしてもよいことになりました。この時に、「日本ではサングラスをするのは『失礼』にあたるんだ」と知って、目からうろこが落ちる思いでした。

確かに日本ではサングラスというと、「どこかカジュアルで、くだけたイメージ」があります。そのため、目上の人と会う時や接客時などは、サングラス姿はふさわしくないというのが日本人の共通認識です。日本では、不良や反社会的な人が「目の表情」を相手に悟られないためにサングラスをしているという説もあったりするので、このあたりの話はなかなか奥が深そうです。

私は、この「目の表情」というのが日本的で面白いなと思いました。というのも、ヨーロッパでは意外にも、日本ほど「目の表情」にはスポットライトが当たりません。なので、屋外であればお堅い場であっても、サングラス姿は失礼ではありません。ただし、屋内でのサングラス姿は、日本と同様に不審な印象を与えるので、やめておいたほうがよいでしょう。

欧米の「サングラスがＯＫ」の背景には、白人は瞳の色素が薄い人が多く、太陽の光に敏感だという事情もあります。

アイメイクが盛んなニッポン

日本では表情を作る際に、「目」がモノをいいます。表情の美しさを語る時に「目力（めぢから）」という言葉が使われるのは日本特有かもしれません。歌舞伎（かぶき）にも「にらみ」などの見得（みえ）があり、「目で表情を作る」のは日本の文化だといえるでしょう。

ヨーロッパだと、「セクシーな分厚い唇に見えるには……」などと、どちらかというと、口元にスポットライトが当たることが多い印象を受けますが、日本のメイクに関する記事を読むと、「二重の作り方」「目力」「黒目」といった言葉がよく出てきます。やはり日本では、メイクでも「目」にスポットライトが当たるようなのです。

欧米の視点から見ると、日本では女性がマスクをする時、「健康」の観点からマスクをする人がいる一方で、「美容」の観点からマスクをしている女性もいるのが面白いです。「マスクをすると、目だけメイクすればよいからラク」『すっぴん』でいいのでラク」という声も。これなど、「すっぴん」という概念自体がないドイツから見ると、なかなか面白い発想です。

このように、サングラスにしてもマスクにしても、日本と欧米の「文化の違い」が目立ちましたが、新型コロナウイルスが世界中に蔓延(まんえん)したことにより、今や、マスク姿はどの国でも珍しくなくなっています。ちなみに、日本とヨーロッパの両方の文化を受け継いでいる私は最近、不要不急ではない外出の際は、マスクとサングラスの両方を着用し、なんだか怪しい格好になってしまっています。自分では、防備&和洋折衷(せっちゅう)ということで気に入っているのですが……。

第2章

こんなに違う 結婚のなぜ?

「同棲」は女性にとって損なこと？

日本で「婚活」という言葉が一般的になるにつれ、外国の婚活事情についてよく聞かれます。私の出身国ドイツでは、現在「結婚」自体がそれほど重要視されていません。「結婚制度そのものが好きではない」という人もいますし、「人間関係を男女といえども『契約』で縛るのはいかがなものか」という考え方もあります。そんな背景もあり、ドイツにおいては「婚活」をする、というよりも皆「恋愛活動（恋活）」をしています。

「婚活／恋活」プレッシャーの違い

ドイツではどの年代の人も、それこそ若い人から中年、そして高齢者まで、新聞のパートナー募集欄やインターネットを使って、恋活をしています。日本では、しばしば子供世代の「親の恋愛は見たくない」という声も聞きますが、ドイツでは「人間、どの年代でも恋愛をしているのは普通」という共通認識があり、社会全体を通してある意味「恋愛至上主義」です。

そのためか、ドイツでは「結婚」へのプレッシャーこそあまりないものの、「常にパートナーがいないといけない」プレッシャーは、ぶっちゃけ、日本より大きいです。日本でいう「女子会」的な集まりもあまり市民権を得ておらず、旅行をするにも映画館に行くにも、夜に外食をするにも「カップルでないとダメ」というような雰囲気が確かにありますので、相手がいない時には精神的にきついかもしれません。

「同棲」はアリ？　ナシ？

さて、ドイツでは恋人同士になって、付き合いが長く続くと「同棲（どうせい）」するカップルが多くいます。昔は、結婚という形をとらない同棲はよろしくないとされていたものの、今はカトリック教会の影響も薄れたせいか、付き合っている恋人がいたら、ゆくゆくはその人と「一緒に住む」、つまりは同棲することが自然な流れだとされており、実際に同棲している人は多いのです。

たとえばドイツで「彼氏ができた」と友達や親に報告すると、「どんな人？」「半年ぐらい付き合っている」などという会話があった後、「まず、彼と一緒に住んでみたら？」というアドバイスを親世代からもされるものです。一緒に住んでいないカップルは他人行儀だと見なされるため、時に「なぜ一緒に住まないの？」「早く同棲したほうがいいよ」と促されることも。

逆に日本では、「同棲」はあまり歓迎されない印象です。掲示板サイト「発言小町」で「同棲」関連の相談があがると、賛成できないという意見も多く、日本vs.ヨーロッパの「感覚」の違いに改めて驚くのでした。

ドイツ人いわく、一緒に住んだ経験もないまま結婚するのは「いきなり感」が強く、「フタをあけてビックリ」のパターンがあるかもしれず「リスクが高い」のだそう。リスクマネジメント的にも「その人がどんな人かを知るには、まず一緒に住んでみたほうが良い」という意見が多いのです。でもそれは「必ず結婚にたどり着かなければいけない」「恋愛のゴールは絶対に結婚である」という考え方がないからかもしれません。

日本の場合は、同棲では女性がいいように使われてしまい、女性側が損をするので「同棲にメリットはない」「結婚に至らないリスクが高い」と考える人が多いよう。私自身も、日本での生活が長いせいか、実はそう思っているのですが、これがもし「恋愛重視」ではあるけれど「結婚はどちらでもよい」というヨーロッパスタイルの考え方なら、そうは思わないのかもしれません。

結婚につながらない関係は「遊び相手」？

日本ではよく同棲に反対する理由として「籍を入れず、一緒に住むだけなら、性生活も含め『遊び』の要素が強く、女性側が遊ばれてしまう」という意見があります。

では、ドイツではこのあたりの感覚はどうなのかというと、遊びか否かというのは、一般的にその関係が「既成事実化しているか」というところが大きな判断ポイントです。同棲している恋人を自分の親や友達に紹介しているか。仕事関係の同僚に紹介してくれているか。ドイツでは会社のクリスマスパーティーに恋人を連れて行ったりもしますから、そういったイベントに連れて行ってくれるかどうかが、「本気かどうか」を見極める一つのポイントだというわけです。

長年同棲している人が、どんなところにも恋人を連れて行き、恋愛に関して浮ついたところのない場合もありますし、「奥さんがいるけど、奥さんのいないところで不倫しちゃおう」と考える人よりも真面目かもしれません。もちろん人によりますけど。

専業主婦という生き方

結婚した女性の人生には、「専業主婦」または「働き続ける女性」としての生き方があります。両者は対立軸として語られたりもしますが、私は二つの生き方を「善し」としています。

世界のカリスマ専業主婦

外で働き続ける女性が増えている一方で、育児や家事の分野で能力を発揮して、「カリスマ主婦」となる女性がいます。アメリカでいえば、少し前だとマーサ・スチュワートを思い浮かべる人が多いかもしれません。

では、ヨーロッパにも有名なカリスマ主婦はいるのかというと、ドイツに関してはイヴォンヌ・ヴィリックスさんがいます。

イヴォンヌさんは、テレビにも頻繁に出演するカリスマ主婦で、実際の家事能力はもちろん、その論理的な解説にも定評があります。彼女は「掃除のプロ」としてよくメディアに登場しますが、イヴォンヌさんの紹介する「汚れ落とし」のポイントに「科学・力学・温度・時間」というものがあります。この四つを合わせて「100%」と捉え、四つのうちのどれかのパーセンテージを増やすと、ほかのものは少なくても済む、という考えです。例を挙げると、鍋などの焦げつきは熱湯（温度）を使い、洗剤で化学反応を強め（科学）、2時間つけおきすれば（時間）、労力（力学）は少なくて済む」といった具合です。彼女は「イヴォンヌブレンド」なる洗剤を作っています。まず、炭酸ナトリウムまたは重曹30グラムを水250ミリリットルに入れ、沸騰させます。次に、大さじ8杯のお酢を加え、さらにキッチン用中性洗剤50グラムを加えて、水で薄めれば「イヴォンヌブレンド」の出来上がりです。この特製洗剤は大理石以外ならどこにでも使えるという優れものです。

家事の最優先は「掃除」のドイツ

ドイツには「家事マイスター」という国家資格があり、これはいわば公的に認められた「家事のプロ」なのですが、イヴォンヌさんも家政学科出身の家事マイスターです。断捨離にも力を入れていて、カオス状態の他人の家に出没して片づけをする番組も人気を得ました。

ところで、ドイツでは家事の優先順位というと、掃除、アイロンがけ、洗濯、料理、の順を挙げる人が多いです。特に昔から「窓ふき」は重要視されており、「良い主婦＝窓ガラスがピカピカな家」という構図が出来上がっているほど。日本だと、家事の優先順位は、どう考えても料理が1位になりそうですが、ドイツの場合、家事というと「料理」よりも先に「掃除」がくるのが、感覚の違いが見えて面白いです。

ヨーロッパでは近年見られない「専業主婦願望」

さて、ドイツのカリスマ主婦について書きましたが、近年、ドイツを含むヨーロッパでは「専業主婦になりたい」という女性は実はあまりいないのです。その理由は多岐にわたるため、全てを挙げると一冊の本が書けてしまいそうですが、理由の一つとしてドイツでは「学業を仕事に直結させる」ことが徹底して行われている、という点が挙げられます。

性別は関係なく、専門学校や大学で勉強して就いた職業を定年まで続ける、という考え方です。そして、その際の条件は「実際に食べていける金額を必ず得られる仕事をする」

ことです。このあたりの感覚は日本よりシビアです。

たとえば、小学校低学年ぐらいの女の子が「将来はお花屋さんになりたい」と言うと、日本の大人は、店員さんとして働くイメージを抱いて、子供を応援するような雰囲気になったりもします。ところが、ドイツの場合だと、「一生食べていくことを考えて、花屋さんを経営する側になりなさい。そのためには将来、大学で経営学を学んで……」などと子供を諭しがちです。

仕事と勉強がリンクしない日本

ところで日本では、たとえば大学の法学部を出ても、その後必ずしも弁護士になるとは限らず、また必ずしも法律関係の仕事に就くとも限らず、一般企業に勤める人も多かったりします。

しかし、ドイツではこれはあまり見られない現象です。ドイツでは、専門学校や大学で習った分野を、仕事に生かすという考え方が徹底しています。法学部であれば、将来は法律の仕事をして当たり前、と捉えられています。これは何を意味するかというと、もしも「専業主婦になりたい」人がいたとすると即、「せっかく勉強をしたのにもったいない」と言われてしまうということなのです。

このあたりの感覚は日本とはだいぶ違います。いろんな制度が整っているからこそ可能であるとはいえ、「女性が働くのは当たり前」という風潮がヨーロッパでは非常に強いです。そのため、ドイツ人男性と結婚した日本人女性がドイツに住んで専業主婦をしていると、周囲からの「なぜ働かないの？」という質問に参ってしまうという話もよく聞きます。何が正しいというわけではありませんが、このあたりは本当に「感覚の違い」というしかないのかもしれません。

「家計を妻が握っている」のは日本だけ？

近年は家庭によっても様々だと思いますが、日本ではかねてより「旦那さんが外で仕事をして稼いだお金を、専業主婦である妻が管理する」というスタイルが多く見られました。このことに、ビックリするヨーロッパ人は多く、女性に関しては、「そういう日本みたいなスタイルなら専業主婦も悪くないかも」という話も出たりします。

実際には、ドイツでも1970年代までは専業主婦のいる家庭がありました。しかし今、就業できる年代では「専業主婦のいる家庭」はほとんどないのです。ドイツに限らず、世界の先進国の女性たちは「専業主婦という生き方」からは遠ざかっているようです。一概には言えないものの、「女性の社会的地位」を考えれば、専業主婦だと「不利な部分が出てくる」という考え方が今の欧米諸国では主流だからです。

私は女性が働き続けることも、専業主婦になることも、それが女性自身の選択であり、当人が満足しているならそれでよいと考えています。その一方で、日本の社会に見られる多くの風潮、たとえば、平日の日中に行われるＰＴＡ活動に母親の参加が期待されることや、「朝の何時までにゴミを出さなければいけない」というシステムなど、日本の至るところで「家には一人、専業主婦がいる」という前提で成り立っている仕組みが多いなと感じます。

ドイツでは、平日は男も女も仕事で忙しいという社会のコンセンサスがありますので、親が平日に学校の用事で呼び出されることはまずありません。

「女性としての生き方」と「母親への思い」の狭間で

さて、正直に言うと、私の得意分野が家事にないのは明白なので、私自身は専業主婦になろうかな、と思ったことはなく、今までずっと仕事や趣味に生きてきました。ドイツで育った影響もあり、そもそも専業主婦になる、という選択肢が自分の中に最初からなかったのです。

そんなこんなで自分の「女性としての生き方」の柱となるのは「働き続けること」なのですが、そうはいっても、実は私自身が専業主婦の恩恵を受けてきたという自覚もあります。というのは、自分が今、日本語を話せるのは、母が専業主婦だった点が大きいからです。

私はドイツで育ったので、平日はほかのドイツの子供と同様にドイツの現地校に通っていたため、日本語に触れる機会は限られていました。日本語学習のため、両親の判断で土曜日は日本語補習校に通い、週に一度は日本人の先生のいる塾にも通い、国語（つまり日本語）を勉強していました。

しかし実際のところ、日本語に触れる時間が一番長かったのが、「日常での母との会話」でした。そして、それが私の日本語習得のベースとなりました。母は、私が日本語の勉強がしやすい環境を家庭の中で作ってくれました。今の私の「女性としての生き方」と矛盾するようですが、もしも母が働いていたら、私が日本語を習得することは難しかったと思うのです。

そして、もしかしたら私は無意識のうちに、母がしてくれたことに満足はしているのだけど、「自分自身は女として同じような生き方はできない」というはっきりとした意志があるため「子供は持たない」という思考回路になったのかもしれない、と最近思うようになりました。

女性の生き方を考える時に、そこには世代による違いや、女性個人の考え方の違いなど、いろんな要素が絡んできますので、一概には言えないのですが、私のように母親とは違う生き方を選びながらも、専業主婦であった母親に感謝をしている場合もありますし、その逆のケースもあります。「女性の生き方」は、一口には語れないのかもしれません。

日本の妻の「内助の功」

仕事で成功を収めた人を身近な人が陰で支えていることは多いので、「内助の功」を全面的に否定する必要はないと思います。でも今の時代、結婚した女性に対して「内助の役割」を強いるのはどうなのでしょうか。日本では今もなお、「女性は自分の仕事より、男性の仕事を優先するべき」と考える人が多いようです。

活躍する男性には「内助の功」が必要？

仕事で活躍する女性と結婚したにもかかわらず、妻が仕事をやめる、あるいはセーブすることを望む男性が多いように感じます。「どんなに仕事が好きな女性でも、好きな男性と結婚をしたら、喜んで仕事をやめるはず」と信じてやまない男性の姿がそこにはありま す。もちろん全員ではありませんが。

人それぞれですので、今までのポジションを捨て、喜んで妻のサポートにまわる男性もいるのかもしれません。でも大概の男性は、妻にそういう提案をされたら、プライドが傷つくのではないでしょうか。

女性のプライドは「ないがしろ」にされがち？

問題は、一部の人々の間に、「好きな人と出会ったら、女性は喜んで仕事をやめるはず」という昭和の男性さながらの価値観が、いまだに存在していることです。決して悪気があるわけではなく、純粋にそう信じている場合もあります。

世間にも「内助の功」を良しとする風潮は残っているので、これも追い風となり、彼らの目には「結婚と同時に、女性が仕事をやめる、またはセーブする」ことが「自然の流れ」のように映るようです。

どんな仕事でもそうですが、仕事が軌道に乗るまでは、性別に関係なく、「努力」が必要です。たくさんの努力を重ねて成功を収めた人には、これまた性別を問わず、仕事に対する「プライド」もあります。そう考えると、女性にばかり「結婚とともに、仕事へのプライドを捨てること」を求める風潮は酷なのではないでしょうか。

「内助の功」 海外では

私が育ったドイツでは、たとえば、サッカー選手の妻は仕事をしていないことが多いです。彼女たちの「内助の功」は、観客席で夫を応援したり、試合先について行ったり、といった「精神的な支え」がメインです。栄養管理や体調管理は専属のアドバイザーが担当しているので、日本のように妻が行うという考え方はありません。

基本的にヨーロッパには、女性が結婚前からしていた仕事について、「結婚後にやめるべき」と考える男性はあまりいません。ドイツに関しては、性別や年齢を問わず、仕事については現実主義者が多いため、会話の中で若い女性が「収入が減ると、将来もらえる年金の額が少なくなる」といった類（たぐ）いの発言をすることがたびたびあります。自分の人生を長い目で見た時、「女性だからといって仕事をやめるのはリスキー」だと考えるわけです。ただ、リスクを考える以前に、今の時代はそもそも、女性自身に「仕事をやめる」という発想がないことが多いです。

ドイツは現実主義者が多いと書きましたが、ドイツでも一般的に女性の収入は男性よりも少なく、「女性がもらえる年金額が男性よりも少ない」ことがメディアでたびたび取り上げられており、世間でも問題視されています。そういった現状を直視し、「女性が仕事をやめると、もらえる年金額がもっと少なくなる」ことを深刻な問題だと考える人が多いのです。これは、日本人が聞いたら夢のない話かもしれません。しかし、日本でも高齢者を含む女性の貧困は問題になっていますので、この手のリスクについて考えてみることも必要なのではないでしょうか。

男女間で起きる「矛盾」はお互い様？

縁とは不思議なもので、どんな男性がどんな女性と出会って一緒になるのかについて、はっきりとした答えはありません。言ってみれば、互いの好みや相性が大事なのだと思います。

「内助の功」に関しても、夫が妻にそれを求め、妻も納得していれば問題ないのかもしれません。ただ現実的なことを言うと、男性が女性に内助の功を求めるのならば、今の仕事を好きだと感じていない女性を選んだほうがうまくいくかもしれません。というのも、女性が自分の「仕事が好き」という心の声をかき消して夫のサポートにまわると、無理が生じるからです。

女性の第一線での活躍ぶりを目にして恋愛し、結婚しておきながら、当たり前のように「結婚後は自分を支えるために女性は仕事をやめるものだ」と考えるのは矛盾しています。かつて芸能界では、歌手の岩崎宏美さんが離婚した際、結婚相手の男性から家庭に入るよう望まれたことがその理由だとされました。得意分野で成功を収めている女性に仕事をやめさせるとはどういう思考回路なのかと、私は不思議に思ったものです。

でも、よく考えてみると、女性の中にも「矛盾」はあるのかもしれません。というのも、「仕事ができる男性が好き」と言い、付き合っている時はパートナーである男性の激務がそれほど気にならなかったのに、子供が生まれ、「ワンオペ育児」になると「夫の激務」を嘆く女性が多いのも事実だからです。最初からワーク・ライフ・バランスを重視した生き方をしている男性を選べば、起こらなかった問題だといえるでしょう。

そう考えると、「矛盾」に関しては、男も女もお互い様なのかもしれません。自分の中にある矛盾した考え方には、私も含めて気をつけたいところです。

「国際結婚」女性の立ち位置

厚生労働省の「夫妻の国籍別にみた年次別婚姻件数」によると２０１６年の数字として２万１１８０組のカップルが国際結婚しています。

さて、国際結婚というと「楽しそう」なイメージがありませんか？

同じジョークに笑えない

国際カップルの場合、日本人が日本語で飛ばしたダジャレに、もう一方は笑えない、ということが少なくありません。逆もまたしかりで、たとえば欧米人男性が言う欧米風のブラックジョークに日本人の奥さんが笑えなかったりします。

これは言葉の壁でジョークが理解できないこともありますが、「笑いのツボ」や「笑いのセンス」が国や文化ごとに違うがために「一緒に笑えない」という現実もまた確かにあるのです。

テレビのお笑い番組を一緒に見ていても、片方が大笑いしている一方で、もう片方には面白さがまったく理解できない場合も。ちなみに私は日曜日に日本テレビ系列で放送されている「笑点」がほのぼのとしていて好きなのですが、あの面白さを日本語がわからない外国人に説明するのは、やはり難しいものがあります。とても残念なことに「ジョーク」というものは外国語に翻訳しても、面白くもなんともありません。逆もまたしかりで、外国語のジョークを日本語に訳しても興ざめだったりするのは何とももどかしいです。やっぱり笑いでつながれるとうれしいですから。

もちろん言葉がバッチリの国際カップルもいますし、笑いのツボが「お互いにピッタリ!」の場合もあるかと。ほかの結婚と同様、国際結婚の場合も、そこは千差万別のようです。

夫の国に住むのは不利?

違う国の人同士が結婚をすると、男性側の仕事に考慮した結果、「妻が母国を離れ、夫の国に住む」ケースが目立ちます。外国に住むことで、「母国にいたらできなかったような新鮮な体験」をしたり、子供がいる場合には「子供を通して、その国のいろんな面を発見」したりと、海外生活をしているからこそ得られるものは、たくさんあります。

ただ、カップルにもよりますが、「外国に住むことになった妻」に不利な部分が多いことも否めません。というのも、夫は自分の国に住み続けるわけですから、仕事も人間関係もそのまま続けられます。言葉に困ることもなければ、多くの場合、両親やきょうだいも近くにいるため、家族と離れて寂しくなることもありません。

ところが妻は、母国を離れたため、友達や家族は近くにおらず、場合によっては言葉も新たに習得しなくてはなりません。

こういった妻の不利な点を理解し、夫が「妻と、自分の国の人たち」との「橋渡し役」を買って出る場合は、妻も心強いです。しかし、夢のないことを言うようですが、夫のサポートは「夫婦仲がうまくいっている場合」に限られてきます。夫婦仲がうまくいかなくなると、夫からのサポートが得られなくなるばかりか、妻が夫の国の事情をあまりわかっていないのをいいことに、妻を振り回してしまう夫がいることも見過ごせません。

「鬼嫁キャラ」の発端となった「あの会見」

1993年の「あの会見」を覚えている人も少なくないのではないでしょうか。タレントの川崎麻世さんの不倫が発覚し、その後に開いた記者会見で、カイヤさんは会見場に立って、麻世さんの様子をずっと見続けていました。当時、その姿が一部で「怖い」と報道され、それがカイヤさんの後の「鬼嫁キャラ」の発端となってしまいました。その後のカイヤさん本人のインタビュー記事を読むと、「会見に同席してほしい」と頼まれ、真面目な気持ちで会見する夫に立ち会ったら、それがいつの間にか日本のマスコミに「仁王立ち」「怖い奥さん」ということにされてしまっていたのだそうです。当時は今と違い、日本語もそれほど堪能(たんのう)ではなかったため、全体の状況がよく把握できないまま、周囲からも誤解され、気がつけば「怖い外国人の奥さん」というキャラクターに設定されてしまった。そういった部分は否めません。

芸能人に限らず、一般人の家庭でも、日本語がわからない外国人の妻がいろんな場所に駆り出され、気がつけば理不尽な目に遭っていた、ということは少なくありません。

私には、父親が日本企業で働く日本人のサラリーマンで、母親が欧州人の友達がいます。その友達の母親は「今はこの人（夫）、定年退職したけど、昔は夫の職場の飲み会や宴会によく呼び出されて、行くたびごとに、酔っぱらった夫の同僚の集団にセクハラされたのよ。今考えると、よく付き合ったわ」と語っていました。当時、日本語もあまりよくわからず、日本の習慣もわからなかった彼女は、「何が日本でスタンダードなのか」がまったくわからず、かなり戸惑ったといいます。「しなくていい経験もした」と彼女はしみじみと語っていました。

もしも日本人の妻だったら、「飲み会のノリ」はある程度わかっているので、「酔っぱらいが多い席に出かけて行ってもロクなことはないだろう」と考えて、自衛できるかもしれません。でも、外国人の妻の場合、日本人の夫に「ちょっと出てこいよ」なんて言われたら、「それが日本の習慣なのかな」なんて思ってしまうわけです。もし彼女がそこで、夫の仕事仲間の前で怒ろうものなら、「あそこの奥さんは外国人で怖い」なんていう展開になってしまうのも、一昔前は珍しくありませんでした。そのため私は、カイヤさんの騒動を見て、複雑な気持ちになったのでした。

外国に住む日本人の妻の場合

国際カップルの中には、外国人男性との結婚後に、夫と外国に住む日本人女性もたくさんいます。

元夫がドイツ人で、今もドイツに住み続けているある日本人女性は「結婚後、最初の数年は、『夫の目を通してのドイツ』しか見えていなかった気がします」と語りました。最初の数年は、ドイツでの交友関係も全て「夫を通したもの」（夫の友達や夫の仕事関係者など）だったため、そこで抱いた印象をベースに、「ドイツって、こういう国なんだ」と、彼女なりの「ドイツ像」が出来上がったのだといいます。でもその後、自らドイツで働くようになり、自分で人間関係を開拓するようになってからは、もっと「幅広いドイツ」が見えてきたのだとか。

一概には言えませんが、国際結婚の場合、夫が「僕の国ではこのようにやるのだ」と言うと、妻はそれを信じてしまいがちです。本当はそれが「その国のやり方」ではなく、単に「夫特有のやり方」であっても、何せその国の事情がよくわからないので、妻は素直に信じてしまうのだと思います。

彼女は、離婚後も現地で働き、ドイツの在留資格を得ています。しかし、もし現地の言葉が流暢（りゅうちょう）ではなく、専業主婦だった場合、離婚後の在留資格のことを考え、簡単に離婚に踏み切れない女性も多いでしょう。

日本に限らないことですが、国際結婚のシビアな部分について、世間でスポットが当たることはあまりありません。しかし、日本でも外国人が増え、国際結婚が珍しくなくなっている今、「女の生き方」を考えるにあたっては、女性にとってシビアな点を考えてみることも大事なのではないでしょうか。

「離婚しない」ニッポンの夫婦の不思議

夫婦となった二人が互いに相手を思いやり、努力をしながら良い関係を築ければ一番いいのですが、様々な理由からそうもいかない夫婦の現実もあったりします。

「旦那デスノート」は日本特有？

以前、妻が夫への不満を吐き出す投稿サイト「旦那デスノート」が話題になりました。世の中には、夫婦関係を維持しながらも、夫に対する不満がマックスに達している女性も多いようです。タイトル通り、内容は過激で「モラハラ旦那、事故って即死すればいいのに」「浮気野郎、死ね死ね死ね」という直接的な表現のものもあれば、淡々と「昨日はあいつの歯ブラシで排水口掃除。ボディタオルで風呂掃除。（中略）さて今日はどこを掃除しようかな♪♪」といったブラックなものまで登場します。

これらは極端ではありますが、日本では意外にも「公の場で夫の悪口を言う」ことは市民権を得ているという印象を受けます。昼下がりのファミレスには、夫の悪口や愚痴を言い合っている女性グループがいたりします。

この手の不満は、自分の中で「ため込む」よりは「吐き出す」ほうが健全かもしれません。でも、それと同時に「そういえば、ドイツにはあまり旦那さんの悪口を言う女性はいないな」ということにも気づかされました。

欧州人は普段あれだけ批判好きなのに不思議です。でもこれ、実は理由は簡単で、ドイツを含むヨーロッパの場合は、配偶者のことが嫌になったら、離婚を選ぶからなのです。よって、離婚直後に元配偶者の悪口を言っている人はよくいますし、離婚調停中に愚痴をこぼす人もいますが、「結婚生活を維持する気が１００％あるにもかかわらず、夫の悪口を頻繁に言う女性」というのはあまり見かけません。

結婚生活は必ず維持しなければいけないもの？

欧米人から見て不思議なのは、日本には実際に離婚をする夫婦もいる一方で、夫の悪口を言いつつも「離婚をするつもりは一切ない」女性が一定数いることです。夫の悪口を言うことでガス抜きはしても、それはあくまで結婚生活の維持を前提にしたものであることが多いのです。「夫婦でいること」や「結婚しているという状態の維持」に全力を注いでいる印象です。「結婚していること」が女性にとって精神的な支えになっている場合もありますが、女性たちの話を聞くと、「金銭」や「子供」のことを考えて離婚を選ばないことともまた多いようです。

結婚後も「本能のままに恋をする」ヨーロッパの人々

語弊があるかもしれませんが、ヨーロッパでは「本能のままに恋をする」女性が多いです。結婚前の恋愛をする時点から、日本よりも「条件」（男性の雇用形態や家族構成）なるものを取っ払った上で恋愛をしている女性が多くいます。相手の年収などの条件的なことよりも、「その男性個人と相性が良いかどうか」「男と女として互いにしっくりくるか」ということが日本よりも重要視されています。

そして、「本能を大事にする」のは結婚後も変わりません。結婚後も夫婦が男と女として仲が良ければ、ラブラブですし、逆に愛がなくなれば、早い段階で離婚の方向に進む決断をして、新たな恋を見つける人が多いです。離婚のきっかけは日本と似たようなもので、浮気だったり、育児に関する食い違いだったりしますが、うまくいかなくなった際の切り替えは、欧州人のほうが早いかもしれません。

ヨーロッパには愛のない夫婦はいない!?

ポジティブな見方をすると、離婚を恐れないということは、愛のない夫婦はいないということでもあります。なぜなら、愛がない男女は、極論すれば、すでに離婚済み、もしくは離婚調停中だからです。欧州人の一般的な感覚として、カップルにしても夫婦にしても「そこに愛がなければ関係性を維持する意味がない」というのが共通のコンセンサスです。

本能のまま生きるには経済的自立が必要

「うまくいかなくなった際の切り替えは、欧州人のほうが早いかもしれません」と書きましたが、たとえ子供がいてもそれが離婚を思いとどまる理由にならないのは、ヨーロッパの多くの国々では、離婚後も共同親権が当たり前であるという点も大きいようです。離婚をしても、子供は父親と母親の両方と定期的に会えることから、「離婚＝子供から父親を奪う」という発想にはならないのです。

子供がいても本能のままに恋をする……というのは日本では叩かれがちですが、ヨーロッパでは、何歳になっても、どういった立場であってもみんな堂々と恋をしています。「本能のまま恋をする」というと、「流されている」というような感覚をおぼえるかもしれませんが、必ずしもそうではありません。経済的に自立している女性が多いため、「本能のまま恋をする」ことが可能なのかもしれません。もちろん、「本能のまま恋をする」が極端な方向にいってしまって、いわゆる「だめんず」に引っかかってしまう女性がいないわけではありませんが……。

子供を産まなければ、結婚をする意味がない!?

そんなこんなで、夫婦関係がうまくいかない場合は、欧州人のほうが離婚を躊躇しないことが多いのは確かです。その一方で、日本人の夫婦が離婚を選ぶ理由に驚かされることもあります。

掲示板サイト「発言小町」の過去の投稿を読むと、「結婚後に妻側の不妊がわかった」「結婚後に旦那側の不妊がわかった」という相談に対して、「子供が欲しいのに、相手が原因で子供ができないのはつらいので、離婚したほうがよい」といったアドバイスがあったりもします。「子供」よりも「パートナー」（つまり、既婚女性の場合は夫）との関係を優先する欧州的な考え方からすると、「相手が不妊だから離婚を検討」はビックリ仰天な発想です。

日本では無意識のうちに「家」を背負っている人が多いのかもしれません。そのため、子供を持てない可能性があるとわかったら、離婚という発想になるのだと思います。

50代や60代のカップルが結婚をしようとすると、日本では周りが「その年齢なら結婚ではなく、事実婚でもいいのでは？」とアドバイスすることがあります。そのアドバイスの背景にも、「子供を持てる年齢ではないのだから、結婚をする必要はない」という考えがあるように思います。

年代を問わず、事実婚が多いヨーロッパですが、意外にも「子を持てないのなら事実婚」という考え方はないのです。

仲が悪くても離婚をしない夫婦は、不倫の温床!?

近年、日本ではたびたび著名人の不倫が騒がれています。一つ思うのは、夫婦仲が悪いにもかかわらず、夫婦というものを続けていると、不倫に走るのではないかということです。それは「夫婦関係を清算して新しい恋」とはならずに、「夫婦関係を維持しながら恋をする」から不倫になってしまう、という点が一つ。そして、ヨーロッパだと、別離や離婚で30代以上の人も定期的に恋愛市場や婚活市場に舞い戻ってくるのですが、日本の場合は、多くの人が離婚に踏み切れないため、30代以上の独身の人が自然な形で恋愛をしようとしても、周りは既婚者ばかり、という問題もまたあるのでした。

「いい夫婦」でいるために、互いのことを思いやりながら良い関係を築いていくことが大事なのはいうまでもありません。でも、相手の意思が別のところにあると確認できた時、その関係をスパッと解消するのも、自分のため、相手のため、そして大げさなようですが「社会のため」なのかもしれません。

結婚しているほうが偉い⁉

日本では結婚をメインに取り扱う雑誌があったり、結婚というテーマが女性誌で多く取り上げられたりします。結婚というと、その「めでたさ」がクローズアップされがちですが、結婚生活も独身生活もその名の通り「生活」が伴うものなので、それぞれの「良さ」があるのはいうまでもありません。

「結婚できる」という言い方に違和感

日本では何げない会話の中で「誰々さんは結婚できないと思う」「誰々さんは結婚できると思う」という言い方をすることがよくあります。先日、女性同士で集まった際に、ある女性がその場にいない女性について、「A子さんは普通に結婚できると思う」と言っていました。

「普通に結婚できると思う」と言っているのだから、これはいわゆる「悪口」ではありません。でも、よく考えてみると、「結婚できる」という表現には、どこか「男性に選んでもらえる」というニュアンスがある気がします。逆に言うと、「選んでもらえない女性には何か欠けているものがあり、だから独身なんだ」というようなニュアンスも伝わってくるのです。

独身の女性が結婚している女性と比べて劣るかのような言い回しが日常会話で何げなくされていることに、私はかねて違和感を持っていました。私が独身の頃、そのことを口にしたところ、「独身だからひがんでいる」というようなことを遠回しに言われてしまい、悔しい思いをしたことがあります。

しかし、あれから何年かたち、結婚した今も、この「結婚できる」という言い方が相変わらず気になっています。それは、結婚することがあたかも一つの「能力」であるかのように語られているからかもしれません。

私にとって衝撃的だったのは、女子会でタレントの叶姉妹の話になった時、ある人が「妹の美香さんは普通に結婚できると思う」と言ったことでした。私は、叶姉妹はもう「結婚する・しない」を超越した人たちと捉えていたのですが、世間の一部は、そんな彼女たちのことさえ「古い物差し」で測るのだな、と衝撃を受けたのです。

余談ですが、英語やドイツ語ではそもそも「結婚できる」という言い方はしないので、会話に登場することはありません。後述するように、恋愛の話には事欠きませんが。

何はともあれ、人間は日々、周りから聞いたことに無意識のうちにとらわれてしまっていたりします。でも、自分の幸せを追求するためには、こういった「感覚」から自由になることで、自分が本当に求めているものが見えてくるのではないでしょうか。

独身だからこそ楽しめること

どんな人でも一日は24時間しかありません。つまり、人が一日に使える時間というのは限られています。独身生活の良いところは、時間のことも含めて「誰のことも気にしなくてもよい幸せ」ではないでしょうか。

私はマイペースな性格ですが、やはり結婚してからは独身の頃より「マイペースぶり」が発揮できなくなった気がします。独身の頃は、外で仕事が終わり、その後決まった予定がないと、フラッとカフェに寄って時間を気にせず読書をしたり、あとは「歩く」ことが好きなので、天気が良い日にはけっこうな距離を電車を使わずに歩いて帰ったりと、それは自由気ままに時間を使っていました。誰に何の断りを入れなくてもよいそんな時間は、とても居心地の良いものでした。

結婚してからは、家に帰った時にいつも誰かがいる安心感、そして二人で時間を過ごせる幸せがありますが、そうはいっても、誰のことも考えないで、自分の時間を楽しむことは確実に減りました。

たとえば、外で仕事が早めに終わって、ちょっと一人で散策したいなと思っても、家で誰かが待っていると思うと、やはり時間を気にしてしまいます。「果たしてこれは人を待たせてまですることなのか……？」と気になるのです。そう考えると、ささいなことかもしれませんが、「時間ができたら、それは全部自分のものだという幸せ」は独身ならではのものかもしれない、なんて思うのでした。

人にもよるのでしょうが、「家で誰かを待たせた状態で仕事以外の何かをやる」というのが居心地の悪い場合があります。それは「時間」の問題だけではなく、やはり「気持ち」の問題も大きいのです。誰かを待たせたくないという気持ち。それはそれで結婚生活につきものだとは思いますが、独身の頃のあの自由な感じも確実に「幸せ」でした。

面白いのは「本人が感じる幸せ」は必ずしも、「周りから見た幸せ」と一致しないということ。現に私が独身の頃、仕事先からまっすぐ帰らず、カフェで読書をしたり、気ままに散策したりしているのを、心配されることもありました。きっとはたから見たら、寂しい女に見えたのでしょう。

でも今振り返ってみても、自由時間を１００％満喫していたあの頃の自分は、寂しさとは無縁でした。そうはいっても、前述のように結婚していることで感じる幸せもありますし、そこは「独身生活にも結婚生活にもそれぞれの良さがある」が正解だと思います。

結婚で「周りのプレッシャー」から解放される⁉

冒頭の「結婚できる」という言い回しのほかに、日本でよく耳にするのは、「結婚して、周りのプレッシャーから解放された」という言葉です。確かに、今まで「結婚は？」と聞いてきた人たちは、当人が結婚すると静かになります。でもしばらくすると「子供は？」という質問が降りかかってくることもありますし、子供を産めば、おせっかいなことに「一人っ子じゃかわいそう。２人目は欲しくないの？」と聞かれる場合もあります。子育てをするようになってからも、「人」はいろんなことを言ってきます。そう考えると、結婚によって周りのプレッシャーから解放されるというのは、かなり疑わしいです。女性の人生は周囲からいろいろ言われますから、どんな状況にあっても周りには何も言わせないぐらいの気迫が欲しいものです。

世間からの「プレッシャー」ヨーロッパ女性も

日本の女性に降りかかる結婚のプレッシャーについて触れましたが、では、ヨーロッパにはその手のプレッシャーがないのかというと、少し形は変わりますが、「ある」というのが答えです。

ドイツを含むヨーロッパでは、結婚をしないままパートナーとして生活をするスタイルも多く見られることから、「結婚」へのプレッシャーはないものの、ヨーロッパ社会は「カップル至上主義」ですので、恋愛相手やパートナーがいない女性に対して向けられる視線には、時に厳しいものがあります。

日本のような「おひとりさま文化」もないため、たとえば、女性が一人で気軽にレストランでランチができるような雰囲気ではありません。そのため、とにかく恋愛相手がいなくてはいけないんだという強迫観念にとらわれ、相手が自分に合うかどうかをよく見極めないまま、「とりあえず」の恋愛に走ってしまう女性は、日本よりヨーロッパのほうが多い気がします。

ヨーロッパのような「女性はパートナーがいてこそ一人前」とか、昭和の日本流の「結婚してこそ一人前」などという「価値観」から離れることができたなら、本当の意味で自分自身の幸せを追求できるのではないでしょうか。

「不倫叩き」の根底にあるもの

日本のメディアでは、芸能人や著名人などの不倫が頻繁に取り上げられ、大きな話題になります。でも実は「不倫」に対する考え方や捉え方は、国によってかなりの違いがあります。

「不倫」は「新しい恋」と応援するドイツ

日本では有名人の不倫が世に知られると、叩かれる傾向にあります。ところがドイツでは夫婦関係が破綻(はたん)し、どちらかに新しいパートナーが見つかると、たとえそれが不倫であっても、周りが応援することがそれほど珍しくありません。

最も有名なケースは、ドイツのシュレーダー前首相です。シュレーダー前首相は2018年に5度目の結婚をしました。現在の妻である女性との交際は、夫婦関係は破綻していたものの前妻とまだ婚姻関係にあった時点で、スタートしていました。批判めいた声も一部にはありましたが、ドイツの週刊誌は「シュレーダーは新しい恋を見つけた」という見出しで、シュレーダーと新しいパートナーの写真を載せ、この「新しい恋」を応援するような書き方でした。

そこには、どんな状況であれ「人が人を好きになることを応援したい」という気持ちが見て取れます。離婚の手続きに入らず、表面上は夫婦を演じながら、陰で延々と不倫をするのではなく、ドイツでは離婚に踏み切り、不倫相手である「新しいパートナー」と結ばれることも多いので、周りは応援ムードになるのかもしれません。出会うタイミングこそ悪かったけれど、「人生をともにしようと思える最愛の人に出会った」と語る人が、ドイツでは意外にも応援されるのです。

余談ですが、ドイツを含むヨーロッパでは、政治家や著名人の不倫を含む恋愛事情がタブロイド紙のネタになることは多いのですが、基本的には「恋愛はプライベートなこと」ですので、不倫をしたことが彼らの仕事に悪影響を及ぼすようなことはあまりありません。

配偶者の不倫が自分の生活に直結

一方、「恋愛と結婚は別」というような発言をよく耳にし、「結婚＝生活」という意識も強いのが日本です。

日本では、有名人男性の不倫が世に知られると、不倫相手の女性が叩かれる傾向にあります。なぜかと考えてみると、「結婚＝女性が男性に経済的に頼る」という感覚がヨーロッパよりも市民権を得ているからではないでしょうか。そして、そのことが不倫バッシングの遠因になっているのだと私は思います。

なぜなら、たとえば妻に収入がなかったり、働いていても一人で生きていけるほどの収入に達していない場合、生活していくためには「自分が既婚者であり続ける」ことが大事になってくるからです。そのため「夫に不倫されて離婚となったら、自分の生活が立ち行かなくなる」と考える女性もいます。

日本で不倫が叩かれるのは、「配偶者の不倫は金銭的にも自分の生活に直結する」という妻側の不安の表れなのかもしれません。確かに、配偶者の不倫によって離婚となれば、自分の生活が経済的に立ち行かなくなるとわかっている場合、今の自分の生活を守りたいと思うのは自然な流れです。こうした背景があるので、多くの女性が「妻」の側に感情移入するのだと想像します。そして、有名人男性の不倫相手が「(有名人男性の) 妻の生活を脅かす存在」と見なされ、バッシングを受けるのだと思います。

「自分の生活費は自分で」が基本の欧州

ドイツを含むヨーロッパでも、女性が男性に金銭的に頼る結婚がないわけではありません。しかし、現代は「一人で食べていける十分な収入がある」女性が主流であり、また社会でもその状態を目指すべきだとされていますので、結婚する場合も離婚する場合も、「生活」のことよりも「恋愛感情」や「相手への気持ち」が重視されます。そのため、夫婦といえども、どちらかに「気持ち」がなくなれば、夫婦関係は解消されるべきだというのが一般的な考え方です。「不倫をしてしまうのは、それ以前の時点で既に配偶者への気持ちがなくなっているから」と解釈されますので、ヨーロッパで不倫が過剰に叩かれることはないのです。

ところで、「気持ち」に重点をおくためには、やはり男女とも一人で食べていける経済力が必要です。そういった意味でも、専業主婦という生き方はドイツでは主流ではありません。

ヨーロッパでは、結婚は恋愛の続きです。なので、お互いが純粋に好きだったら、ずっと仲の良い夫婦でいますが、お互いに好きという気持ちがなくなれば、離婚に踏み切って新しいパートナーと交際を始める人もいます。そして、配偶者との「結婚期間」と新しいパートナーとの「交際期間」が多少かぶっていても、日本のようにバッシングされることはありません。

ただ私は、ヨーロッパでは、たとえば夫に不倫をされた妻が、時にあまりにも「ないがしろ」にされていることが気になります。ドイツの場合、前述の通り、結婚は生活よりもお互いの気持ちが重要視されているため、不倫をされた妻に対して「夫の気持ちをつなぎとめることができなかったのは、女性（妻）の責任」というような声も時に強く、酷だなあと思うのです。日本に比べて「妻の座」はあまり強くないのかもしれません。

法律の違いも

日本で有名人の不倫が世に知れると、不倫相手が叩かれる背景には、日本では法律上、「不貞（不倫）をされた配偶者が不倫相手に慰謝料を請求できる」という点も大きいと思います。

ただ、夫婦関係が事実上破綻しており、その結果、別居をしていたり離婚調停中であったりする場合などは、夫婦の片方が「新しい相手」と恋愛をしていても、法律上は不貞にはあたりません。ところが、世間やメディアは、このような場合でも「不倫」と見なし、騒ぐ傾向にあります。

ドイツの法律では、配偶者が不倫をしたからといって相手に慰謝料を求めることはできません。ＤＶ（ドメスティック・バイオレンス）などをのぞけば、「離婚の原因が夫婦どちらかに帰する」「離婚の原因を作った側が責任を負わなければいけない」という考え方はないのです。

不倫相手を叩かないドイツ

そういったこともあり、ドイツを含むヨーロッパでは、「妻が不倫相手を責め、世間が不倫相手を叩く」といった現象はあまり見られません。誤解のないように言うと、ドイツを含むヨーロッパはキリスト教の影響が強かった土地柄ですので、本来不倫には厳しかったのです。しかし、今では「夫婦関係が破綻しているならば、新たな恋愛は自然なこと」というのが一般的な感覚です。ただし、「不倫」をダラダラと長期にわたって続けるのではなく、夫婦関係が破綻し、新しい恋を見つけた場合には、時間と労力はかかりますが、離婚調停に入り、その上で新たなパートナーと生活を共にする、というのが前提です。

最後に明るい話を一つ。先ほど、配偶者に不倫された妻に対してドイツの世間は時に冷たい、と書きました。しかし、妻に対して「新しい女性に走った彼のことは諦めなさい」という声がある一方で、「近いうちにあなたにも絶対に合うパートナーができる！」という励ましの声が多いのもまたドイツです。シュレーダー前首相の前妻であるジャーナリストのドリス・ケップフさんも、現在はニーダーザクセン州の内務・スポーツ大臣のパートナーとなり、幸せそうです。

第3章

こんなに違う
子作り&育児のなぜ?

スーパーウーマンになれない私の産まない選択

少子化問題がそうさせているのか、近頃、産まない女性に対する視線の厳しさを感じます。あからさまに「なぜ子供を持たないの?」と直球で聞く人もいますし、言葉には出さずとも「あの人はなんで子供を産まないのかなあ」なんて思われがち。かくいう私も40代ですが、ご丁寧にも「今ならまだ間に合うよ」と忠告してくれる人もいます。

睡眠3時間でも笑顔、私には無理

改めてになりますが、私はドイツ人の父親と日本人の母親の間に生まれたいわゆる「ハーフ」です。日本人とも欧米人とも交流する中で、私の周りには、子だくさんで幸せそうな女性が身近に何人かいました。でも、すぐに気づいてしまいました。「私はこのような女性にはなれない」と。なぜなら、彼女たちはスーパーウーマンなのでした。

子供を何人も育てながら、彼女たちは外で元気に働いていてパフォーマンスも落ちず、家の用事もこなし、健康に問題もない。「疲れた」というような言葉は聞いたことがなく、いつも笑顔です。でも、話を聞くと、「子供が小さいうちは3時間続けて眠ったことがない」と言うではありませんか。

それを聞いて「私には無理」と早々に諦めました。私の睡眠時間は9時間。たまに5、6時間しか睡眠がとれない日が続くと、すぐに風邪をひき、やがてそれが悪化し中耳炎になったりします。体力がないのです。

夫も私も不器用、やっとこさ生きてます

なお、日常生活では家事の段取りが非常に悪く、全体的に不器用で「やっとこさ生きている」感じです。そう、単刀直入に言ってしまうと、私は自分で自分の面倒を見るのに精いっぱい。そして、それはロシアと日本のハーフである夫も一緒のようです。子供も家事も仕事も夫婦生活も、そつなく笑顔でこなし、かつ病気もせずやってのける「スーパーウーマン」には絶対になれない。でも、そのことを、子を持つ前にわかって良かったと私は思っています。

そういえば、昭和の時代には、結婚する際「私、不器用なので、家庭と仕事の両立ができないんです。だから仕事はやめて家庭に入ります」という言い方をする女性もいたとのこと。この「不器用」というのは実感として、とてもよくわかるのです。だから、私の場合は「不器用なので、産みません」ということになるのでした。

もしかしたら、私の育った国の文化も「子を持たない」という選択を後押ししているのかもしれません。思えば、育ったドイツでは「墓を守る」という概念はありません。「家（家系）が途絶える」という考え方も今はまれです。よって親世代からの「孫」プレッシャーがあまりありません。ドイツの中年や老人は孫を待ち望むよりも、自身の恋愛生活や恋愛活動に忙しかったりします。ドイツではみな年齢を問わず「自分の幸せ」を追求している印象があります。

話題の「母親になって後悔」

ドイツで最近話題になった論文があります。子供のいる女性に「もし、今『時計の針』を戻せるとしたら、あなたは母親になることを選びますか？」という質問に「ノー」と答えた23人の女性にインタビューしたイスラエルの社会学者Orna Donath氏の論文

『#Regretting Motherhood（母親になって後悔する）』です。

論文に登場する女性の名は仮名ですが、この論文をもとにドイツの女性ライターたちが実名で「私の場合はこうでした」とそれぞれの話を書いた本が話題になっています。たとえばSarah Fischer氏の本のタイトルは『母親であることがハッピーだという嘘』、サブタイトルは「私が（母親ではなく）父親になりたかった理由」です。

父と母で違う負担の現実

読み進めてみると、「子供」といっても母親と父親とでは負担が違うことが現実的な話として書かれています。象徴的なのは本の最後のほうに書かれている「彼（パートナー）は子供が生まれた後も、自分のそれまでの生活を特に大きく変えることなく、自分の人生をそのまま歩き続けた。一方、私は子供ができたことで、生活において『できなくなること』が多くなり、全てにおいて変わることを余儀なくされた」のくだり。「子」を前にするといわゆる「男女平等」は現実的ではないことがうかがえます。

女だから神秘を体験すべきという意見

日本でも子供が生まれてから夫婦間に生じる問題について、最近取り上げられるようになりました。「子はかすがい」と言うけれど、現実はそうもいかないのかもしれません。それでも世間には確かに「子供を持つべき」という価値観が存在します。その価値観はどこからくるものなのでしょうか。

「子を持つか否か」の話になると、私がやっかいだなと思っているのが、「母性の神秘」を信じてやまない人たちが突如として現れることです。

個人的な印象では、政治家を含む年配の男性に「神秘信仰」の人を多く見かける気がします。彼らは「女性は『産む』という『体験』ができるのだから、やっぱり出産は経験しておくべきだ」と言います。

年上で社会的地位のある男性が、若い女性に対して「せっかくなので産んでおいたほうが良い」というような発言をしていると、「この人、女性を持ち上げるフリをしていながら、なんだか上から目線だな」なんて思ってしまいます。

日本に来て、「女性なので、やっぱり出産は経験してみたい」という発言を聞いた時、「新鮮だなあ」と思いました。というのは、私も女性ですが、私の育ったドイツでは、このような考え方（「女性として生まれたからには、出産という行為を体験してみたい」）や発言は、まれだからです。「子を持つか・持たないか」を考える時、一般的にはパートナーとの関係性、自分の仕事や人生設計などの話をします。同じ子を持つのでも、自分で産むのか、それとも養子をもらうのかを考える女性もいます。

そんな中で、日本では「せっかく女性に生まれたのだから、出産という神秘を体験しておきたい」という発想を女性自身も持っていることが、私には新鮮に映ったのです。

もっと驚いたのが、出産に続く「神秘」シリーズの数々。「男は出ないのに、女性は母乳が出るってすごいよね」と、一見女性を持ち上げているようにも聞こえますが、ほとんどの場合「やっぱり母親として子供には母乳をあげるべき」という発想とセットになっているようです。そして「無痛分娩（ぶんべん）はダメ。おなかを痛めて産むのが出産というもの」という発言の裏にあるものも、ある種の「神秘信仰」だと私は思います。

つまり、女は新しい生命を身体の中で育むことができるのだから、それを体験すべき、そして出産は神秘であり、痛みを伴うものなのだから、麻酔は使わず自然分娩をすべき、そして生まれた後には母乳というこれまた神秘的なものが女性の身体の中から出てくるのだから、当然その神秘を次世代につないでいくべき、という発想です。

女性の現実は無視されているのでは？

何を信仰するかは個人の自由ではあるのですが、この手の「神秘信仰」は、女性個人の体質、女性本人の気持ち、そして、女性の仕事のスケジュールといった現実的な話を無視しているように、私には思えるのです。

ちなみに、ヨーロッパには「産む日にちをあらかじめピンポイントで決めたいから」という理由で、帝王切開を選ぶ女性もいます。それが医学的に良いか悪いかは別として、日本の感覚とはだいぶ異なります。

ドイツでは無痛分娩が普通ですし、母乳に関しても自分の体調や気持ちと相談しながら、母親が自分で決めます。母親たちが各自「私はこうしています」と外に対して主張することはあっても、外野、ましてや年配の男性から女性に対して「あなたはこうすべき」というような声はありません。

もちろん、国や文化によって多様な考えがあることは承知していますが、「神秘信仰」が、知らぬ間に日本の女性たちの選択を縛って、息苦しくしている。そんなふうに私には見えるのですが、いかがでしょう。

サンドラの場合「ハーフであること」に悩んだ日々

「子を持たない女性」は、本当は欲しかったけれど結果的に授からなかった場合も、最初から子供を望んでいない場合も、それぞれの「ストーリー」があります。

私の場合、単刀直入に言うと、「自分が時間をかけて克服してきたものについて、今度は親としてまたかかわるのは嫌」。これに尽きます。なんだかとてもワガママな主張ですね。まあ聞いてください。

私は父親がドイツ人、母親が日本人のいわゆる「ハーフ」ですが、子供の頃からドイツの学校に通い、かつ補助的にではありますが日本の学校にも通う生活をしてきました。そして思春期になった頃には、「自分は何人(なにじん)なのか」がわからなくなっていました。

つまりは「自分がドイツ人なのか、それとも日本人なのか」「どちら側に属する人間なのか」「そもそも、どちらかに属しているといえるのか」などと複雑な悩みを抱えることになり、大人になってからもモヤモヤした気持ちは消えませんでした。要は自分のアイデンティティーに悩んでいたわけですが、時は流れ、30代になり、そしてやがて40代になった今、それらの悩みは和らぎました。

同じ悩みに向き合うにも「器」がいる

自分なりに仕事や人間関係を通して悩みを克服できたので、今はだいぶ生きやすくなった感があります。そんな中、私は数年前に結婚し、夫はロシアと日本のこれまた「ハーフ」です。私たちの間に子供が生まれるとなると、今度は「親の立場」として、「子供には何語を教えるべきなのか。日本語のみか、それともロシア語とドイツ語も全部教えるべきか。だとしたら本人の負担にならないだろうか」などと心配事ばかりが頭に浮かびます。

学校一つとっても「通う学校はロシアの学校？　日本の学校？　それともドイツの学校？　でも、そこで三つの国にルーツを持つ子は居心地良く過ごせるだろうか。浮いてしまわないだろうか。子供本人が『自分は何人（なにじん）なのか』と自らのアイデンティティーに悩むことにはならないだろうか」などと考えてしまいます。

自分がかつては「当事者」として体験してきた、これらのややこしいことを、今度は「親」として再度体験する気にはとてもなれないのです。もちろん同じような体験をしていても、それを「自分が子供を持つ際に生かそう！」と思う人もいます。でもどう考えても私はその「器」ではないのでした。そのため早々と子を持つことについて諦めたという次第でございます。

ドイツ流次世代への考え方

ドイツで子供を持たない人たちに、理由を聞いてみたことがあります。その中に、「個人的な理由というよりは『一般的』な理由で子供を持たない」と答える人たちがいました。それは「地球温暖化や紛争などの世界情勢を考えると、『次世代にこの世を見せてあげたい』とは思えない」ということに行きつくようです。

いかにもシビアでドイツ的な意見ですが、それを言う彼らは彼らなりに考え、かつ自分の人生は楽しんでいるようなので、これもある意味、前向きな選択なのかもしれません。

子供を持っても、持たなくても「あなただけのストーリー」がある。それがどんなストーリーであっても尊重され、自信を持てるといいなと思っています。

セックスレスの夫婦が少ないヨーロッパ

日本ではしばしば耳にする「セックスレス」という言葉。ところがドイツを含むヨーロッパでは、セックスレスの夫婦があまり話題に上ることはありません。セックスレスがヨーロッパに「ない」と言い切るのは尚早かもしれませんが、日本より「少ない」のは確かです。

さて、いきなりですが、なぜヨーロッパでは日本よりも「セックスレスの夫婦」が少ないのでしょうか。

【理由その1】ヨーロッパではセックスは生活の「基本」

ヨーロッパにセックスレスのカップルが少ない背景には、そもそもヨーロッパ人にとって、セックスは「基本」だからです。日本の「食べ物」のような位置づけだと考えてもらえればわかりやすいかもしれません。ヨーロッパの人にとってセックスのない生活というのは、日本人にとって「毎日の食事がレトルト食品」というのと同じぐらいに不満をもたらすものなのです。

「カップルや夫婦の愛情確認」としてセックスは不可欠というヨーロッパ人の共通認識もありますし、それ以前に、「パートナーとのセックスのない生活は考えられない」という感覚もヨーロッパでは強いのです。逆にいうと、もしもセックスレスになった場合、そのカップルが別れる確率は日本よりも高いといえるでしょう。

「ヨーロッパ人にとってのセックスは日本人にとっての食べ物と似たような感覚」だと書きましたが、その証拠にドイツ語のヤフーのトップ画面を開くと、やたらと「セックス絡み」の記事が多いです。決してアダルト的なものではなく、いたって真面目にセックスについて考える内容の記事です。

「カップルがこのように工夫すれば、何年たっても飽きないセックスができる」だとか「パートナーと裸のヨガでリラックス」というような記事が一部写真つきで紹介されたりしています。トップ画面にこのような記事が並ぶぐらいですから、ヨーロッパ人が裸の写真やセックスをテーマにした記事に目を背けるはずもなく、まさに日本人がご当地グルメを見るような感覚で、それらの記事を読んでいたりするわけです。

注目すべきは、それらのドイツの記事では「セックス」のみではなく、「パートナーとのセックス」が強調されている点です。そんな背景もあり、そもそもセックスレスになることが日本と違ってあまり市民権を得ていないのでした。

【理由その2】 ヨーロッパでは親子が別室で寝る

よく、子育ての仕方が国によって違うと話題になりますが、その子育てにも、このテーマにまつわるヒントが隠れていたりします。

たとえば、ドイツの昔の育児書には「夫婦の寝る場所が同室であるのに対し、赤ちゃんに関しては両親とは別室にするのが子供の自立を考える上で望ましい」と書かれています。私は、これは子供の自立のほかに、「親側のそういった事情」も考えての上での見解だったのでは、と勘繰っています（笑）。

現在のドイツでは昔ほどこういった考えはなく、「赤ちゃんと一緒に寝るのは赤ちゃんに安心感を与える」とされていますが、そうはいっても、子供がある程度の年齢になると、今の時代もやはり親子は別室で寝る傾向があり、ニッポンでいう「親子3人、川の字で寝る」ということはあまりありません。

余談ですが、私は母が日本人ですので、子供の頃はよく両親と川の字になって寝ていました。子供時代の良い思い出ですし、日本流の「川の字」は、ほのぼのとしていて好きです。

【理由その３】　子供をベビーシッターに預け「男女の時間」を楽しむ

このように、ドイツを含むヨーロッパの子育てには、今の時代も無意識的にではあるにせよ、「夫婦が二人きりになる時間」が多く組み込まれているのでした。

子供をベビーシッターに預けて夫婦やカップル二人でお出かけするなど、ヨーロッパでは子供ができた後も「カップルとしての男と女」の時間が大事にされています。

日本ではベビーシッターを利用する人はヨーロッパと比べて少なめですが、その一因には、子供を預けて親だけが楽しむのは、なんだか後ろめたい気持ちになるという理由も一部にあるのではないでしょうか。

もちろん、各家庭の考え方もありますから、「この国ではこう」と言い切れるものではないのですが、日本のほうが母親に対する「子供ができたら、いつでも子供を中心にすべき」という社会の目が厳しいのかもしれません。夫も妻を女性としてというより母親として見る向きが日本では強く、そのこともまた、セックスレスに拍車をかけている気がしてなりません。

欧米の一般的な「寝室事情」を書きましたが、私は、男女のあり方はお互いが納得していればそれで良いと思いますので、当たり前ですが、「これが正しい」というようなハッキリとした「答え」はないと思っています。

「セックスレスはおかしい」という声もあったりしますが、極論すれば、「あれだけセックスをしていて情熱的だったカップルが、何かの拍子にもめて別れる」なんて話はゴマンとありますし、逆に「仲良しなセックスレスカップル」だっています。

「セックスレスだけど子供が欲しい」と悩む女性たち

「子供が欲しいのにセックスレス」と悩む女性の声は切実です。これは深刻な悩みとなりうることもある一方で、日本では「セックスレスであること」が女性同士の会話のネタになっていたりもします。日本の女性と話していると、「実はウチはセックスレスなの」と打ち明けられることも多いのです。

先日、アメリカ人の知人が開いたホームパーティーに行った時、パーティーの最後のほうで、ある日本人女性が、酔いも手伝って「ウチはセックスレスだから、人工授精をしようと思う」と話し出し、その場にいた日本人女性数人が同調して「いいね〜！　ウチも同じだから、私も人工授精にしようかしら」と盛り上がっていました。

面白かったのは、その場にいたヨーロッパ人女性が「え……セックスがないのに、子供が欲しいのですか」と何度も確認していたこと。彼女は当初、日本人女性が数人で「セックスレス」について語りながら盛り上がっているのを見て、自分の日本語に理解力がないために間違った解釈をしてしまったのではないかと気にしていたようでした。しかし、何度か確認した後に、本当にその日本人女性が「セックスレスだから、人工授精をしたい」と考えていることがわかり、驚いている様子でした。

私は、帰り道がそのヨーロッパ人女性と一緒だったのですが、「なぜセックスしない相手との子供が欲しいのかわからない」と混乱気味に言っていたのが印象的でした。決して責めるというのではなく、単純に「どうして、そこまでして子供が欲しいのかわからない」と疑問に思っているようでした。

確かに一般的なヨーロッパの感覚では、「まずパートナーがいて、セックスも含めた愛情確認をしていく上で、あくまでも結果として愛の結晶である子供が生まれてくる」という「流れ」を大切にする人が多い気がします。逆にいうと、その流れで子供を授かることができなければ、それでよいと考える女性も多いのです。もちろん、ヨーロッパにも子供を作るために現代医療の手を借りる人がいないわけではありませんが、子供がいないからといって女性が思い詰めてしまうようなことは、日本より少ないかもしれません。

排卵日にしかセックスしない夫婦

これは極端な例かもしれませんが、日本には「子供が欲しいから、夫とは排卵日にしかセックスをしない」と言う女性もいます。排卵日のセックスのほうが妊娠する可能性が高いと計算してのことだと思いますが、この発言からは「旦那とのセックスがそもそもあまり好きではないから普段はしないけれど、子供は欲しいので、効率よくピンポイントで妊娠の確率の高い日にだけコトに及ぶ」という女性側の心理もまた読んでとれるのでした。

ところが、「この排卵日のセックス」は日本・海外を問わず、男性側からの評判はあまりよくありません。日本の男性と以前、このテーマについて話したことがあるのですが、「忙しいのに、そんなことを指定してもらっても困る」と遠回しに不満を漏らしていました。妻から指定された日に仕事で帰りが遅くなってしまい、ケンカになったことがあるとも言っていました。

ヨーロッパ人の男性に至っては、もっとストレートに不満をあらわにします。ドイツ人男性いわく「仕事じゃあるまいし、スケジュールを組むなんて最悪だ」とのことです。複数のドイツ人男性は口をそろえて「日にちがあらかじめ決まっているなんて、ロマンチックではない」と言っていました。「子供を作るためには、ロマンチックさになんかこだわっていられない」という女性側の声が聞こえてきそうですが、そこに明らかな温度差があるのは間違いなさそうです。

どれが「正解」という話ではありませんが、一般的なヨーロッパ人の感覚だと、「子供はロマンチックなムードから生まれる、または生まれるべき」という「理想」が強いので、セックス関連のことについて「スケジュール通りに」というのは受けつけない人が少なくありません。

ヨーロッパ人は、条件的なことよりも本能のままで恋愛をして家族を持つことにこだわるため、「セックスこそ本能のままであるべき」との考え方が強いです。スケジュールを管理して「何曜日に……」といったことはあまり受け入れられないようです。

「家のためのセックス」からの卒業

ヨーロッパの女性よりも日本の女性のほうが「妊娠」を目的に頑張ったり悩んだりするのは、「家」の存在と無関係ではありません。

というのも、ヨーロッパ人にとってセックスはパートナーとの良い関係のために不可欠なものですが、日本人の場合は、それ以外に「家」がついてくるケースが少なくないからです。

日本人は無意識のうちに、自分やパートナーのためだけではなく、「家」のために子供がいないとダメと考える傾向があります。つまりは「両親が孫を欲しがっている」とか「きょうだいに子供がいないから、自分が産まないと家が途絶えてしまう」などと考え、プレッシャーに悩まされるケースです。これは「家というものを大事にしている」というふうに捉えることもできる反面、「家に縛られている」ともいえます。でも自分の人生なので、「家を背負った」セックスはやめてもいいのではないかと、私は思います。

日本には、双方の「家」のことを見た上で「恋愛と結婚は別」と考える人もいます。「結婚」や「子を持つこと」は必ずしも自分やパートナーのことだけではなく、「両親を喜ばせるため」という要素もあるところを見ると、日本では「家」が一つのキーワードになっているといえるのではないでしょうか。

子供を持つという夢を追求することは素晴らしいことです。しかし、それがうまくいかず、つらい時は、自分が無意識のうちに「女に生まれたからには子供を産まないといけない」という呪縛（じゅばく）にとらわれていないか、一度立ち止まって内観してみてはどうでしょうか。そうすることで、ラクに生きるための糸口が見えてくるかもしれません。

「子供が欲しいから離婚」はアリ？

昔と比べて女性が年上の「年の差カップル」もよく見られるようになった昨今、タレントの磯野貴理子さんが、24歳年下の夫と離婚したことを明かし、離婚の理由として、夫から「自分の子供が欲しい」と言われたと語りました。その発言に対し、ネット上では「こんな離婚理由は女性として悲しすぎる」と話題になりました。

「自分と同じ血」にこだわらないヨーロッパ人

磯野さん元夫妻の離婚理由を聞いた時、私は「なんだか日本的だな」と思いました。何が日本的かって、元夫が「自分の血を分けた子供」にこだわっている、というところです。もちろんヨーロッパでも子供が欲しいと考える人は多くいますが、実は「自分の血のつながっている子供」にこだわる人ばかりではなく、自国や他国から養子を迎える人もたくさんいます。

ちなみに、養子を迎えるのは今に始まったことではなく、かつてメルケル内閣で副首相を務めたフィリップ・レスラー氏は幼少期にベトナムからドイツの家庭に養子として迎えられていています。韓国が軍事政権で経済的に豊かではなかった１９７０年代には、ドイツやスウェーデンなどの多くの家庭が韓国から養子を迎えていています。私も70年代生まれですが、同世代で「血筋は韓国だけれど、ドイツ育ちのドイツ人」に会うことがよくあります。ルーマニアの独裁者、チャウシェスク大統領が中絶を禁じ、貧困に苦しむ孤児の増加が問題となった時期には、ルーマニアからの養子を受け入れるドイツ人カップルもいました。このように世界情勢によって、ドイツは様々な国から養子を受け入れてきましたが、もちろん、自国から養子を迎え入れるドイツ人も多くいます。

このようにヨーロッパでは「子供が欲しい」と考えている人は必ずしも「自分の血」にはこだわらず、既にこの世に存在する恵まれない子供の親になってあげたいと考える人も大勢いるのです。そういった背景もあり、ヨーロッパでは離婚自体は少なくないのですが、「自分の血を分けた子供ができないから」といった理由で離婚をするというのは、あまりない発想です。

結婚＝子供を持つこと？

最近は日本でも多様な考え方が認められるようになってきたものの、「結婚＝子供を持つこと」といった昔ながらの暗黙の了解のような感覚もまだまだ世間には残っています。だからこそ磯野さんの元夫は「自分の子供が欲しい」ことを離婚理由として挙げたのだと思います。実際に世間では「磯野さんが、あまりにもかわいそう」という声が上がる一方で、「自分の子供が欲しいと思うのは自然」という声もあるのです。

ドイツを含むヨーロッパの場合は、前述のように養子を迎える文化もありますし、そもそも「婚姻をせずに子供を持つ人」も少なくないので、近年は結婚というものが子供を持つことと結びつけて考えられていません。繰り返しになりますが、そんなことから、ヨーロッパ人は自分の血のつながった子供が持てないから離婚、という思考回路にはあまりならないのです。

日本では、結婚というものが「子供を持つ契約」だと捉えられている面があります。もちろん、子を持てなかったら離婚という契約を本当に交わしているわけではありませんが、なんとなく「結婚＝子供を持って当然」という雰囲気があることは否定できないのではないでしょうか。

ちなみに、暗黙の了解よりも本物の契約を好む人が多いドイツでは、婚姻の際に「元々独身時代に互いが持っていた資産に関しては、結婚後も各個人のものであることを確認する婚前契約書」を交わすカップルが多くいます。これは、日本ではあまり見られない傾向です。そんなこんなで、日本の場合の「結婚＝子供を持つ」という思考は、契約を交わしたわけではなくても、代々続いた世間の「暗黙の何か」を当然と見なした結果だといえるのではないでしょうか。

ところで、自分の血を分けた子供を持てない理由は、今回の磯野さんのように女性の年齢によるものだけではありません。性別や年齢とは関係なく、妊娠できないケースもあります。日本では不妊にまつわることの多くが、女性側と関連づけて語られがちですが、いうまでもなく不妊の原因が男性側にある場合もあるので、正確な情報の発信がもっと増えるといいなと、私は秘かに思っていたりします。

仏大統領は夫人が25歳年上

ヨーロッパで、女性が年上の有名な「年の差カップル」といえば、夫人が25歳年上であるマクロン仏大統領がよく話題になります。立場の面でも文化の面でも、磯野さんとは違うので、一概に比較することははばかられますが、マクロン夫妻について、ヨーロッパで「二人は子供を持てない」ということにスポットが当たったことはありません。ブリジット夫人には前夫との間に3人の成人した子供がいますが、マクロン大統領はこの3人と仲が良いことで知られており、大統領が「自分の血を分けた子供が欲しい」と考えているといった話は特に聞こえてきません。

そうはいっても今後、何が起きるかわからないのが男女関係というものですが、特筆すべきは、ヨーロッパの社会は、「子供が欲しいから若い女性と結婚したい」だとか「子供が欲しいから、子供の産めない妻とは離婚する」というような発言を許さない傾向があるということです。

日本では「欧米人は自分の思っていることを直球で言う」といった印象を持たれていますが、このテーマに限っては、たとえそう思っていたとしても、口に出すことは社会的にも許されないというわけです。なので、日本でも非難の対象にはなっているものの、「子供が欲しいから、相手の年齢を考えて云々（うんぬん）……」だとか「子供が欲しいから別れたい」と言ってしまえるのは、いろんな意味で「日本ならでは」なのかもしれません。

ヨーロッパのカップルは、別れたり離婚したりということは日本以上に多いですが、「血のつながった子供」にこだわる人が日本よりも少ないというのは断言できるでしょう。

日本ではしばしば、「夫はいらないけど子供は欲しい」といった女性や、「娘には結婚しないとしてもぜひ子供は持ってほしい」といった冗談交じりの親世代の意見を時折聞きますが、ヨーロッパでは、子供のことよりも、まずパートナーとの関係を優先的に考える傾向があるため、「パートナーのことはおいて、子供を持つことしか眼中にない」と思われるような意見は、厳しい目で見られがちです。ただ、これはあくまでも傾向であって、結局はもちろん「どの国にもいろんな人がいる」というのが正しいのですが。

磯野さんの元夫が挙げた離婚理由について、私は「最後は意外と保守的な理由を挙げて離婚を切り出すんだな……」という印象を持ちました。いろんな形の夫婦がいて、それに伴っていろんな形の別れもあるわけですが、今回の件は「夫婦のあり方」について、あらためていろいろ考えさせられました。

性愛と避妊について話さない日本の教育

東京都の区立中学校の性教育の授業で「性交」や「避妊」といった言葉を使ったことが論議を呼びました。そもそも「性についてあまり詳細に話さないほうが良い」と考える大人が日本には多いのではないかという印象が私にはあります。

ドイツでは、たとえば「避妊」について、カップル間ではもちろん、女性同士の会話の中でもよく話題に上ります。飲み忘れを防ぐため、学校や大学で使う筆箱にピルを入れている女子に、仲間が「ピル飲んだ?」と声をかける光景は珍しくないですし、未成年のカップルなら親と会話をする際に「それで、あなたたち、避妊はどのようにしているの?」と直球で聞かれることもあります。

どのようなシチュエーションであっても、そこに茶化す雰囲気はなく、気軽に堂々と語られている印象です。

カップルにとって不可欠な避妊にまつわる話し合い

ドイツでは、恋愛をしてカップルとして付き合うようになると、必ずといっていいほど避妊について話し合います。男性のほうから「聞いていい？　君はピルを飲んでいるの？」（男性がこの質問をするのは特に失礼なことではありません）と切り出すこともあれば、女性のほうから「私はこうしているのだけれど、どう思う？」と聞く場合も。

体に合わないなどの理由でピルを飲んでいない場合は、そのあたりのことも説明します。そこに恥ずかしさはあまりありません。避妊について話す中で、相手の人となりも見えてきますし、ピルでいいか、避妊具を使うかなど、お互いの考えを話した上で合意します。ちなみに「子供ができたら結婚するから避妊はしないでおこう」という考え方は、ドイツにおいてはアウトだとされています。

「大事に思ってくれている男性」こそ、一緒に避妊を考える

「自分（女性）を大事に思ってくれている男性」は、必ず避妊についてともに話し合い、お互いの健康や将来設計も考えている、と評価されます。逆に、男性側が避妊の話をしな

かったり、興味を示さなかったりする場合は「イコール無責任な男」だと見なされますので、ドイツでは親が自分の娘に対して「避妊のことを考えようとしない男性と付き合うのは論外。危険だからやめなさい」と注意することもあります。

ピルに関して、日本での解禁は１９９９年ですが、ドイツでは１９６１年から使われています。加入している保険にもよりますが、ドイツでは女性が20歳になるまではピルが無料で、その後、一部自己負担になるため、恋人と話し合い、費用を男性側と折半することも多いのです。このあたりの費用のこと、副作用のことを、医師ともカップル同士でもオープンに話し合います。

性教育は「寝た子を起こす」？

性教育を詳細に行うと「寝た子を起こすことになる」という意見が日本にはあるようですが、ドイツでは「子供はとっくに起きている」という考え方が社会の共通認識です。むしろ子供が性に関心を持つ際に、ネットなどで誤った情報を入手して信じてしまうことを防ぐためにも、学校や家庭で正しい情報を大人が子供に教えるべきだと考えられています。

ドイツの学校では、州によって差はあるものの大体10歳ぐらいで避妊の大切さについて教えられます。思春期になってからも、学校でじっくり性教育の時間が設けられ、セックス、避妊、緊急避妊薬、性病の防ぎ方、ＬＧＢＴＱや第三の性について学びます。また「日常生活の中で自分がどこを触られたら不愉快か」「性行為の同意や拒否」についても勉強します。

その上で性行為を「危険」という観点でのみ扱うのではなく、生徒が性的自己決定権を持ち自らの性とポジティブに向き合うことがドイツの性教育の目的です。なお、性教育は特別視されることなく、あくまでも「一般の教育」（独語：Allgemeinerziehung）の一環として捉えられています。

「赤ちゃんはどこから？」をきっかけに

学校に限らず、ドイツは家庭の中でも性に関してオープンです。今のドイツでは、子供が「赤ちゃんはどこから来るの？」と質問をした「まさにそのタイミング」で、親がはぐらかさずに自分の言葉で説明するのが良いとされています。

言葉で説明するのは難しいので、多くの親は子供向けの性教育の絵本の助けを借りて子供に教えます。かわいいイラストで、性行為や出産の絵が描かれており、人工授精によって誕生する子供もいることが書かれている現実的な内容です。

»miteinander schlafen« zum Beispiel oder »Liebe machen«.
Aus dem Penis kommt ein wenig Flüssigkeit in die Scheide der
Frau. In dieser Flüssigkeit sind viele ganz winzige Samen.
Die Samen wandern weiter in den Bauch der Frau. Dort gibt es
manchmal ein kleines Ei. Wenn ein Samen und diese Eizelle
zusammenkommen, beginnt daraus ein Baby zu wachsen.
Wenn ein Paar kein Baby möchte, kann die Frau eine Pille
nehmen. Oder der Mann zieht sich eine Hülle über den Penis,
damit keine Samen in die Scheide kommen. So können sie
mitsammen schlafen, ohne dass ein Baby entsteht.

Ein Baby wird geboren

Die Mutter kann ihr Baby im Krankenhaus gebären
Hause. Wenn sie spürt, dass das Baby auf die Welt
will, ruft sie den Arzt oder eine Hebamme. Sie helfen
der Geburt. Oft ist auch der Vater dabei.
Die Mutter muss ganz fest pressen. So hilft sie dem
durch die Scheide herauszukommen. Als Erstes ist
des Babys zu sehen. Sobald es ganz heraußen ist,
beginnt das Baby zu schreien. Im Bauch der Mutter
dunkel und warm, draußen ist es für das Baby hell

ドイツの子供向け性教育の絵本（著者提供）

「デキ婚」への目は厳しいドイツ

逆に、ドイツでは「できちゃった」ことや、いわゆる「デキ婚」に対する目は日本よりも厳しいかもしれません。キリスト教の影響もあり、中絶につながりかねないような「深く考えず子供ができてしまった」事態はできるだけ避けるべきだと考えられているようです。ただそうはいっても、子供ができた10代の女の子に、高校が自主退学を迫るようなことはありません。

このテーマに関しては、日本とヨーロッパの文化の違いもあるかと思うので、「この方法が良い！」と白黒つけることは難しいと思います。けれども、女性の生き方について考える時、性や避妊について「ぼかした感じ」でしか教えられなかった場合、大人になってから自分の主張を通したり、照れずに考えを述べたりするのは、なかなかハードルが高いのではないでしょうか。

「ただいま生理中」を公にする違和感

出産や授乳の機会が減り、日本の女性の生涯の「生理（月経）」回数が、かつては50回程度だったのが450回ほどに増えたとも言われています。この生理、全ての女性にかかわるものではあるのですが、実はその考え方や捉え方は国や文化圏によって、大きく異なります。

どれを使う？　進化する生理用品

日本の店頭で見かける生理用品といえば、ほぼナプキンですが、欧米ではかなり前からタンポンが主流です。そのため、ドイツではナプキンよりもタンポンのほうが「進化」しています。一方、ナプキンの種類や品質については、私の経験では、日本のほうが良いように思います。

では、ヨーロッパにはどういった種類のタンポンがあるのかというと、吸収力がアップした「羽根つきのタンポン」のほか、量が少ない日用のもの、水泳を含むスポーツ用の商品など。タンポンに関しては本当にバリエーション豊かです。

でも、生理用品はさらに進化中で、ヨーロッパでは数年前から「月経カップ」を使う女性が増えました。医療用シリコンでできた柔らかくカラフルなカップで、膣(ちつ)にいれて使います。たとえば、ヨーロッパで使われているものは、１回入れると、量にもよりますが最大12時間程度まで使え、使用後はカップを取り出して、中身を捨てて洗って、また使います。生理が終わって殺菌しておけば、同じカップを15年ほど使えるという非常にエコなものです。私の知人でスイス在住の産婦人科医はこのカップを絶賛していました。

「使いやすさ」はもちろん、ヨーロッパでは日本よりも体の線を見せるファッションが市民権を得ていて、Ｔバックを好んではく女性も多いので、そういった「ファッション的なもの」も月経カップの使用を後押ししているといえそうです。日本でも通販などで入手可能ですが、まだお店ではあまり見かけません。

生理用品のCM、ドイツと日本の違い

生理用品のCMを見ると、その国や社会の生理に対する捉え方や考え方がわかるので面白いです。

日本のCMは「仕事中も安心」「朝まで安心」というような「日常生活の安心感」を伝えるものが主流です。起用されるのも、どちらかというとほんわか癒し系のタレントさんが多い印象です。

一方、ドイツのCMからは「非日常的なシチュエーションでも安心」「こんなにアクティブなことをしても大丈夫！」というメッセージが伝わってきます。生理用品のCMで起用されているのは、短パンで踊っているDJや女子サッカー選手のゴールキーパー。これらのCMでは、快活でアクティブな女性像を発信していることが多いのです。

タンポンが教室に飛び交っても……

そういえば私が通っていたドイツの学校では、離れた席に座る友達に渡すために、投げたタンポンが教室の中を舞う、なんてことがしばしばありました。共学だったのですが、

目の前をタンポンが通過した男の子は「あー、そうか。そうだよな」と特に驚く様子はありませんでした。

こうやって見てみると、ドイツのほうが生理に対してオープンな印象を受けますが、一方で、ドイツ社会には「生理に関する女性の悩み」に対して非常にドライな面があるのです。

合理主義であるためか、「女性は生理があってつらい」というような女性同士の愚痴や悩み相談には、同性からも容赦なく「月経カップを使えば？　痛みがあるなら、医者に行ってピルをもらえば？」といった回答が返ってくることも。そこには「同じ痛みや悩みを分かち合おう、共感し合おう」という感覚はあまり見られません。なんというか「生理というものがある女の性」のようなものを前面に出すことは、嫌がられる傾向があるのです。

欧米では「生理があるから女性はつらい」という悩みをオープンにしてしまうと、「弱み」を自ら発信してしまうと受け取られ、女性の活躍の際に不利だという意見が主流です。そのため「生理の不便さ」は、あまり強調されません。そういった背景からCMに関しても、生理中の女性がいかにアクティブで快適に過ごせるかということが強調されているようです。

ドイツにはない「生理休暇」

日本では実際に生理休暇を取る女性は少ないものの、制度上は「生理休暇」があります。しかし、ドイツでは生理休暇は存在しません。

それを不満に思う女性も一部におり、以前あるドイツ人女性は「もし『男性』に生理があったなら、月に一度は国をあげて祝日にしたかもしれないのにね」(女性の苦しみにはお構いなしだ、という意味)と冗談を言っていました。

実際に、ドイツを含むヨーロッパには、「生理だから休む」という感覚はないため、日本や中国の「生理休暇」の制度は「女性に優しい制度」ということで時に良い意味で驚かれます。ただ日本で実際のところ、この制度はあまり使われていないことを話すと、「制度があるのになぜ?」と不思議に映るようです。

生理についてどちらのほうが女性のニーズに理解があるのか、どちらのほうがオープンなのか、というのは本当に「捉え方次第」なのかもしれない、なんて思いました。

「男の人に見られたらどうするの?」

近年日本では、公の場やメディアで「生理」について取り上げられることが多くなりました。ユニ・チャームは２０１９年６月に生理用品を購入する時に紙袋で隠さない選択肢を提案するプロジェクト「#NoBagForMe（袋はいりません）」を開始。11月に、生理を擬人化して女性の苦労をコミカルに描く映画『生理ちゃん』が公開されました。

こうして生理にスポットが当てられているのは、日本の生理を取り巻く状況がこれまで閉鎖的だったからにほかなりません。私が10代だった頃（１９９０年代）、生理に対する日本人とドイツ人のスタンスの違いにとても驚きました。当時、日本人の友達の家に遊びに行った時のことです。友達のお姉さんがバスルームの引き出しを開けっ放しにしていました。それに気づいたお母さんが、「中に入っているナプキンが見えちゃうでしょう。男の人に見られたらどうするの!?」とお姉さんを叱っていました。

私が通っていたドイツの学校では、男女共学であるにもかかわらず、教室で女子生徒が、「タンポン忘れた。誰か、タンポンない？」と平気で聞いていました。だから、「男の人に見られたらどうするの!?」という発言の意味がよく理解できませんでした。

生理用品がトイレやバスルームの目に留まる場所に置いてあるのは、むしろ理にかなっています。トイレットペーパーだって目に留まるところに置いてあるわけですから。ただ、「開けっ放しの引き出し」からもわかるように、日本では、生理についてオープンにすることは「品のよくないこと」とされてきました。生理用品のテレビCMが流れると、なんとなく気まずい雰囲気になる家庭もあったと聞きます。

使用済みの生理用品はどうするの？

このように、日本では長年、生理に関する情報そのものを男性から遠ざけてきました。そのため、最近、笑うに笑えないトンチンカンな対応をしてしまった〝事件〟も起きています。

２０１９年６月に開催されたＧ20大阪サミットで、爆発物などによるテロ対策として、都内の主要な駅でゴミ箱が撤去されました。その際、一部の鉄道会社は、トイレ個室内にある生理用品を捨てるサニタリーボックスも併せて撤去してしまいました。しかし、Ｇ20が開催されるからといって、女性は生理にならないわけではありません。生理用品がいきなり不要になるはずもありませんし、使用済み生理用品のゴミも出ます。

「Ｇ20とはいえ、サニタリーボックスまで撤去してしまうというのはいかがなものか」。日本の駅の困った状況について、イギリス人女性がツイッターでこうつぶやくと、議論が巻き起こりました。なによりも驚いたのは、決定権を持つ鉄道会社幹部の男性やテロ対策に詳しい専門家の男性が口をそろえて、「サニタリーボックスを撤去することで、そこまで反発があるとは思わなかった」と漏らしていたことです。つまり、彼らはサニタリーボックスを撤去する前に、「生理中の女性が使用済みの生理用品をどう処理するか」を考えていなかったのです。

少し前まで「タンポン税」が19％だったドイツ

では、私が育ったドイツにはまったくこの手の問題がないかというと、そうとは言い切れません。「教室を飛び交うタンポン」の例でもわかるように、確かに生理に対して「オープンな雰囲気」はあります。しかし、２０１９年まで生理用品にかかる税金が非常に高かったのです。

ドイツの消費税は標準税率が19％で、食料品などの生活必需品は軽減税率の対象で７％となります。ところが２０１９年まで生理用品は税制上は「贅沢品」だとされていたため、なんと19％の消費税がかかっていました。赤キャビアや切り花の税率が７％であるにもかかわらず、です。明らかに生活必需品であるのに生理用品が軽減税率の対象となっていなかったことに反発の声が高まり、署名活動が行われ、ドイツ連邦議会でも議題に上りました。その結果、２０２０年1月からドイツの生理用品は軽減税率の対象となり7%となっています。

それにしても、生理用品の税率を巡る闘い方はなかなかユーモラスなものでした。たとえば当時『ザ・タンポンブック』が発売されました。これは、その名の通り、パッと見ると普通の本なのですが、表紙を開くと、中に付録のタンポンが15個詰まっています。ドイツで書籍の消費税率は7%。つまり、「生理用品が本を装って税率7%で販売された」ということだったのです。サブタイトルは「税金差別に関する対策本」。なかなかウィットに富んでいて、風刺や皮肉が好きなドイツの国民性が見て取れるなと思いました。

「男性は知らない」を知る

日本でも生理用品は軽減税率の対象外です。多くの女性にとって必需品であるにもかかわらず、比較的高い税率が課されています。生理用品の免税を求める人たちからは、理不尽な付加価値税との意味で「タンポン税」とも呼ばれます。現在、生理用品が非課税になっている国は、ケニア、オーストラリア、カナダ、インドなど一部にとどまっています。

タンポン税廃止が実現した背景には、活発な抗議運動や熱心な啓蒙活動があります。生理について、状況を変えるには広く知ってもらうことが何よりも大切です。日本では、生理用品を男性の目に触れないように遠ざけ、生理についての授業は女子生徒だけ集めて行っていました。男性の理解が及ばないのも無理はありません。とはいえ、企業も政治も行政も決定権のほとんどが男性に委ねられている状況を考えると、もっと生理について知ってもらうしかありません。

「生理について語らないのが女性として品のあること」という考えとはサヨナラする時が来ています。

婦人科カーテンの謎

テレビで「外国人が日本に来てここに驚いた」という内容のバラエティー番組がよく放送されています。食べ物や電化製品、ファッションや習慣などにスポットが当たることが多いのですが、ほかにも「パッと見ただけではわからない違い」はあります。

顔の見えない「カーテン」に驚き！

日本に長年住む外国人女性と話していると、よく話題に上るのが婦人科にビックリしたという話。ずばり、それは婦人科の診察で使う内診台の「カーテン」のことです。

日本のほとんどの婦人科では、内診の際に患者と医師がお互いに顔を見なくて済むようになっており、この心遣いをありがたいと感じる女性も多いようですが、欧米に住んでいた女性たちから見ると、この「カーテン」が驚きなのです。というのは、ドイツを含むヨーロッパ、そしてアメリカの婦人科の内診では、ほとんどの場合「カーテン」がないからです。

欧米諸国の場合、内診台の横にあるモニターを医師と患者が一緒に見ながら、医師が状況を説明してくれます。「モニターのここにこういうものが映っていますが、これは特に心配はありません」といった感じ。もちろん患者側から質問をしてもかまいません。私自身はこのスタイルに長年慣れていたため、日本で初めて婦人科検診を受けた時は、目の前を遮るカーテンに本当にビックリしてしまいました。

日本のスタイルに慣れている女性の場合は、カーテンはあったほうがプライバシーを保てると感じる人もいるのだと思います。でも、私の周りの欧米の女性たちはみな口をそろえて「あのカーテンは謎だ！」と言います。やはり顔を見ながら医師と会話するのが自然だと考えるようです。

問診票「既婚・未婚」「性交渉の有無」は必要？

ドイツの婦人科検診でも事前の問診票はありますが、内容は「最後の生理はいつでしたか」といったシンプルなものです。

日本の問診票の場合はたくさんの項目があり、診察に入る前の記入によって、ある程度、医師やクリニック側がそれを目安に診察を進められるようになっています。私自身は、詳細に問診すること自体は丁寧で良いと思っていますが、なかには疑問に思う質問もあります。

たとえば、「既婚か未婚か」を記入するのは「何のため?」と思います。診察をする側としては生年月日と同じで、あくまでも参考程度に情報を聞いているのだとは思いますが、既婚と未婚というグループに分けられて、それぞれ一緒くたにされていないだろうか、とモヤモヤします。たとえば「既婚者だったら子供は欲しいはず」とか、「未婚だったら今は子供を作る予定がないだろう」などと勝手に判断されてしまわないだろうか、と気になります。

もっとビックリしたのが「性交渉の有無」の記入欄。これはヨーロッパの婦人科ではまず見かけない質問なので、「これはまた何のために聞いているのか?」と本当に驚きました。その情報で診察に差が生じるものなのでしょうか。医師には先入観を持たず、見つけられる病気は見つけてほしいと思ってしまいます。

ところで、私の知り合いの中国人女性は、来日したばかりで日本語がよくわからなかった頃、訪れた婦人科の問診票に「性交渉の有無」と書いてあるのを見て「漢字から察するに、『売春経験の有無』を聞いているに違いない」と勘違いをしてしまったのだとか。そして「性交渉の経験→もちろん無し」と書いてしまったことを笑いながら話してくれました。

ドイツの婦人科初診の平均年齢は14歳から15歳

ドイツでは、思春期に入る頃には、婦人科に行き始めます。歯科や眼科に通うのと同じ感覚で、生理になれば12歳ぐらいから半年に一度、婦人科で診てもらうことも珍しくありません。ドイツの婦人科初診の平均年齢は14歳から15歳です。生理痛がひどかったり、ニキビに悩まされたりしている場合は、避妊目的でなくても、婦人科でピルを処方されることも。かくいう私も16歳の頃ホルモンバランスが整わずニキビに悩まされて、治療のためにピルを飲んでいました。数年後に彼氏ができた際には、避妊目的で違うピルを処方してもらいました。ドイツの場合は医師から「ピルは必要？」と聞いてくれることが多いのです。

印象に残っているのはある女性医師。ピルを処方してくれたのと同時に「半分は彼氏に払ってもらいなさいね」（ドイツでは20歳まではピルが無料であることが多いのですが、その時の私は20歳を過ぎていたので自己負担だった）と言ってくれたこと。なぜだか楽しい会話として今も記憶に残っています。

いろいろ書いてしまいましたが、自分に合う婦人科を見つけて、定期的にチェックしてもらうことは大事ですよね。忙しさにかまけて、つい忘れてしまったり、先延ばしにしたりしがちですが、自分の身体、大事にしたいです。

「ママ」「パパ」と呼び合う日本の夫婦

日本と海外の国を比べてみると、男女のあり方や恋愛の仕方、そして家庭のあり方などに様々な違いがあります。

結婚したら子供を持つのは当たり前なのか？

最近は変わりつつあるものの、日本では「結婚すると、子供を持つ」ことが当たり前だと考えられているところがあり、子供を授かることへのプレッシャーが強いように感じます。たとえば、結婚式でも親戚が「二人の赤ちゃんを楽しみにしています！」と、当たり前のようにスピーチしたりします。

まあ、歴史的に見ると、世界の多くの国で「結婚＝家庭を作り、子供を持つ」という流れはいわば当たり前だったので、無理もないかもしれませんが、この種の発言が今の時代にそぐわないのもまた確かです。

冒頭の結婚式のように、口に出して「子供を持つように」と言われる場合もあれば、遠回しに子供を持つことを期待され、プレッシャーを感じている女性も多いようです。そして、いざ子供が生まれると、欧米のカップルよりも、日本のカップルのほうが素早くパッと「男と女の感覚」から「子供を中心としたパパとママの感覚」に切り替える傾向があるように感じます。

配偶者を「ママ」「パパ」と呼ぶ不思議

子供が生まれた後も、自分の妻または夫をファーストネームやニックネームで呼び続けることもありますが、子供が生まれてからは呼び方が「ママ」「パパ」に変わってしまうことが日本では多いようです。以前、あるバーベキューパーティーに参加したら、そこで「ママ！」と誰かを呼ぶ成人男性の姿があり、一瞬驚いたのですが、すぐに妻らしき女性が来たので、「ああ、なるほど」と思ったことがあります。

その一方で「旦那が私のことを『ママー』って呼ぶんだけど、私は旦那のママじゃないから！」という怒りの声もよく聞きます。子供がお母さんのことを「ママ」と呼んでいるので、ついつられて妻のことをファーストネームではなく「ママ」と呼んでしまう……というふうに取れなくもないですが、ここはもっと深い理由があるのではないかとも思うのです。

というのは、ドイツを含むヨーロッパでは、父親が子供に対して「これは、ママがこう言ってたよ」などと、子供の前で「ママ」と言うのは普通ですが、子供がその場にいなくても妻のことを「ママ」と呼ぶのは、今の時代、あまり一般的ではありません。やはり相手を呼ぶ時は、お付き合いしていた頃と同じ呼び方（つまり子供ができる前の呼び方）のままです。それはファーストネームだったり、ニックネームだったりしますが、「ママ」「パパ」と言うのはまれです。

「ママ」という呼び方の背景にあるもの

日本で夫婦が「ママ」「パパ」と呼び合う背景には、一種の「照れ」があると感じることがあります。意識的なのか無意識的なのかはわかりませんが、「いい年した大人が、子供もいるのに、ファーストネームで呼び合うのはなんだか……」という照れのようにも感じるのです。

どこまでが冗談で、どこからが本音なのかはわかりませんが、前に男性がテレビで「家庭とセックスは別」だとか「僕は家庭に恋愛を持ち込まない」と語っているのを見たことがあります。一部の男性は、この手の考え方がかっこいいという、いわば「一昔前の男性の感覚」を引きずっているのかもしれません。

そして、こういった男性が妻を「ママ」と呼ぶのは、妙に納得してしまいます。妻を「ママ」と呼ぶ男性はどこか妻のことを、「個人」や「一人の女性」というよりも、完全に「お母さん役」に当てはめようとしているのかもしれません。

同時に自分も妻に甘えて、子供がお母さんにしてもらうように「いろいろとやってもらいたい」という願望も見て取れますが、これなどまさに、「私はあんたのママじゃないから！」と妻の怒りを買ってしまうことになります。

いつまでも「男と女」のヨーロッパの夫婦

ドイツを含むヨーロッパでは、良くも悪くもカップルが子供を持った後も、「男と女でい続けること」が普通のことだとされています。ですので、妻または夫のことを「ママ」「パパ」と呼ぶ人は……「いない」と言いたいところですが、実は昔はいました。ただし、現在の就労世代（20～50代）ではあまり見かけません。

先日、ドイツに行った時、友達と一緒にある高齢のご夫婦のお宅を訪れたのですが、このご夫婦の子供はもう何十年も前に家を出て自立しているにもかかわらず、旦那さんが妻のことを「ママー」と呼んでいたので、友達と顔を見合わせて、失礼ながら笑ってしまいました。このように、ドイツにもこういった呼び方をする人がいないわけではありませんが、定着しているのは、どちらかというと高齢夫婦といった感じです。

この高齢のドイツ人夫婦は夫婦仲が良いですし、子供が既に自立しているにもかかわらず、お互いのことを「ママ」「パパ」と呼び合っているのを聞いた時には、ほのぼのとしたのも事実です。けれど、ドイツのもっと若い世代の夫婦は、子供がいてもパートナーのことは互いにファーストネームで呼びますし、もちろん寝室も夫婦一緒ですし、時には子供をベビーシッターに預けてデートなどして、二人の時間を楽しみます。

何はともあれ、日本では成人男性が発する「ママ」をよく耳にします。公共の電波で妻の松本伊代さんのことを「ママ」と呼んでいるヒロミさんは「テレビ上の、そういうキャラ」だからいったんおいておくとして……一般の男性は特にマネしなくてもよいかと思います。

「主人在宅ストレス症候群」は日本特有？

先日、知人から「日本特有の病気（症状）があるんだよ。『主人在宅ストレス症候群』と言うんだって」と教えてもらいました。確かに、掲示板サイト「発言小町」にも「夫がいるとイライラしちゃう」だとか、「夫はただのストレス源」といった投稿が載っています。その昔、定年退職後に仕事も趣味も仲間もなく、妻に頼り切って離れようとしない男性を揶揄（やゆ）した「ぬれ落ち葉」という言葉が流行ったこともあります。ところで、この「主人在宅ストレス症候群」は果たして、日本特有の現象なのでしょうか。

「夫はウザイもの」のコンセンサスがある日本社会

以前、テレビで「残業を減らすこと」に関する街頭インタビューを見たことがあります。その中で、インタビュアーが「残業が減ることについて、どう思いますか？」と質問をしたところ、ある専業主婦は「残業が減って、夫に早く帰ってきてもらっても困る」と答えていました。

一瞬笑ってしまったのですが、よく考えてみると、「残業」というテーマの時に「仕事をする人」の視点からではなく、「夫婦関係」の観点から語っているところが日本特有だなと思いました。それにしても、「夫婦関係が良くないから、残業が減って夫に毎日定時に帰ってきてもらっても困る」とテレビで暴露してしまうのは、ヨーロッパ人の感覚からすると、なかなか衝撃的です。

このように日本のメディアでは「夫とはそもそも困った存在である」といった前提で「夫」なるものが語られることが多いのでした。意外かと思われるかもしれませんが、ドイツを含むヨーロッパのメディアでは、女性が「ウチの夫はウザイ」と語るのはあまり見られない現象です。

相手の「スペック」よりも「一緒にいて心地良いか」

昔のお見合いの名残（なごり）なのか、日本では結婚というと、相手の「スペック」が重視されがちです。女性にとって、相手の男性の職業や年収などはやはり気になるポイントのようです。

ただ、紙に箇条書きにできるもの、つまり「職業、年収、家族構成、趣味」からは「一緒にいて居心地が良いか」という肝心なことは伝わってきません。しかし、結婚して最後まで添い遂げるとしたら長期間になるわけですから、「一緒にいて居心地良いか」は、一番大事なファクターなのではないでしょうか。逆にこのことがあまり重視されないと、結婚後に女性が「旦那がウザイ」と感じてしまうことにつながる気がします。

一緒に居て居心地良い基準とは？

「居心地の良さ」と書きましたが、前に友達が「家を探すのと、結婚相手を探すのって、とても似ているよ」と言っていたことがあります。「物件も結婚相手もタイミングが悪くて縁がない場合もあるし、紙の上での条件が良くても、実際に相手と同じ場に身を置いてみて『何か違う』と思うこともある。そういったことが家探しと結婚相手探しではとても似ていると思う」とのことでした。確かに、「特定の男性と一緒にいて居心地良い」と感じることと、「この家にいると、なんだか落ち着く」と思う感覚にはある種の共通点があるような気がします。

私自身は、結婚は「魂と魂のつながり」だと思うことがあります。難しい話のようですが、要は相手とフィーリングや感覚が似ているということです。

以前列席したノルウェー人女性と日本人男性の結婚式で、お互いの子供時代の写真をスライドで見せていました。ノルウェー育ちの新婦は活発な女の子だったとわかる写真が多く、また新郎の写真も、木によじ登ってピースをするなど、活発な少年時代だったことをうかがわせるものが多くありました。育った国はまったく違うのに、そういう活発なところでフィーリングが合うんだろうなあ、と勝手に納得してしまいました。

元々お似合いのカップルでしたが、子供時代の写真が醸し出していた雰囲気がなんだかとてもよく似ていたのです。それを受けて我が家のことを考えると、夫も私も子供時代からインドア派の生活をしていたため、木によじ登っている写真などは夫婦ともども「ない」のです。大人というか中年になった今も、二人ともインドア派なので、「そこが合うのかなあ」なんて勝手に思ってみたりしました。

夫の悪口を言うヨーロッパ女性が少ないのは、実は……

ところで、先ほど「ドイツを含むヨーロッパのメディアでは、女性が『ウチの夫はウザイ』と語るのはあまり見られない現象」と書きましたが、離婚の予定があって既に別居していたりすれば当然、夫の悪口を言う女性はいます。既に離婚した女性から元夫の悪口を聞くことはよくあるのです。ただ離婚の予定がない現役の夫婦の場合、女性があけっぴろげに「夫がウザイ」というのは、もしかしたら日本特有の現象かもしれません。

そんなこんなで、ヨーロッパの夫婦の場合、やはり「一緒にいる時の居心地の良さ」や「フィーリング」がいつまでも重視されるため、夫がウザイと感じる時間が長くなったら、日本よりも早く離婚に踏み切る女性が多い（だから延々と夫の悪口を言う女性は日本と比べて少ない）というオチなのでした。なんだか夢のない話ですみません。

日本では、「結婚とは生活」とも言われます。長く結婚生活を続けながら、夫の悪口を言って「ガス抜き」をする日本流と、夫が嫌になったら決断を急ぐ「欧米流」のどちらが良いとは一概には言えず、これもまた「文化の違い」なのかもしれません。

「昭和のお母さん」を強いられるPTA

全国の学校では毎年2月頃から、翌年度のＰＴＡの役員決めが本格的に始まります。毎年この時期になると、頭を抱えている親御さんも多いのではないでしょうか。

任意参加であるはずが……

ＰＴＡとは「Parent-Teacher Association」の略称で、保護者と教員で組織する社会教育団体です。運動会などの学校行事を手伝ったり、保護者会の運営をしたり、学校の敷地の清掃をしたり、子供の安全を守るために登下校中に通学路をパトロールしたりと、日本のＰＴＡ活動はかなり忙しいです。ただ、活動時間を作り出せる親ばかりではないため、役員決めの季節になると、悩む親も多いようです。というのも、ＰＴＡへの参加は本来「任意」のはずなのに、実際には任意とは名ばかりで、何らかの形で参加を求められることも少なくないからです。「発言小町」にも、小学生の子供を持つ女性から「発達障害とうつ病で障害者手帳2級を所持しているけれど、PTA役員を断るには障害のことを皆に報告するしか方法がないのか?」という相談が寄せられていました。このように、PTAは多くの場合、「全員が参加すべき」という前提で動いているため、事情があって参加できないと、「自分のプライバシーにまつわることを公表しなくてはいけないのか……」と悩む人も出てくるのです。

アメリカの親が企画する「子供のお楽しみ会」

日本のPTAには「全員の親が参加してこそ平等が保たれる」という前提があるようです。では、海外ではどうなのでしょうか。

アメリカの場合、地域によって違いがあるようですが、日本でいうPTAは「PTO」という名称で、やはり「親たちが活動」をしているのだとか。ただ、子供の登下校時の安全については、基本的に個人の責任と見なされているため、親が交代で通学路をパトロールするというような活動はなく、そのほかの活動についても、日本のように忙しいことはあまりないといいます。

日本のＰＴＡでいうところの「役員」は、アメリカでは「クラス・ペアレント」と呼ばれ、主な役割は、年に4回ほどある、子供たちのための「お楽しみ会」の企画です。このお楽しみ会とは、子供たちが集まって歌を歌ったり、ゲームをしたり、おやつを食べたりといった会になることもあれば、子供たちがテーマを考えてコスプレをするお楽しみ会なんていうのもあるそうです。

ドイツの場合、参加する親はごく少人数

ドイツではＰＴＡに該当するものに「Elternbeirat（親による会議）」があります。子供の教育について親が提案をしたり、校長との面談の場を設けたりと、学校教育におけるある種の改善を図る場となっているところは、日本のＰＴＡと同じです。

拙著『体育会系　日本を蝕む病』（光文社新書）にも書きましたが、ドイツの場合は、日本と同様に役員を選ぶものの、本当の意味で「あくまでもやりたい親」だけが集まります。たとえば、私の出身地バイエルン州にある公立学校のElternbeiratは10人程度の親でまわしているところが多いです。「参加する親」の数がそもそも少ないのです。日本では以前、ＰＴＡを抜けた人の子供が卒業式で、ＰＴＡ予算で購入した記念品のコサージュをもらえ

なかったことが問題になりましたが、ドイツでは、このような「Elternbeirat に参加しない親の子供が不利益を被る」ことはありません。

もちろん、Elternbeirat も人間が集まるところなので、気の強い親が主導権を握るなどして、なんとなく上下関係のようなものができてしまうという話は聞きます。人が集まると、どこでもそういうことは避けられないのかもしれません。そうはいっても、Elternbeirat の場合は「参加しなくてもいい」のですから、日本のＰＴＡと比べるとずいぶん気楽なものです。

日本のＰＴＡは女性の負担が大きい？

Parent-Teacher Association の名前の通り、本来は両親のどちらが参加してもいいＰＴＡですが、特別な事情がない限り、日本では暗黙の了解で、「母親が参加すること」が求められていたりします。しかし、ＰＴＡ関連の会合は平日の昼間が多いため、働く女性が会合に出るには、有給休暇を取らざるを得ません。私の知り合いの女性は、「ＰＴＡの役員だった年は、有休をほぼ全てＰＴＡに使ってしまったので、その年は家族旅行にも行けなかった」と嘆いていました。

本来は、「子供のため」であるはずのＰＴＡ活動が原因で、「家族との時間が取れない」「家族旅行ができない」という本末転倒の事態になることもあるようなのです。そういったことを考えると、ＰＴＡをなくす必要はないのかもしれませんが、「違うやり方にシフトする時」が来ているのではないでしょうか。

働くママの悩みのタネに

ドイツを含むヨーロッパでは、「子供の親は性別に関係なく働いているものだ」という社会のコンセンサスがあり、ＰＴＡの会合が「平日の昼間」に行われることはまず、ありません。親と教師の面談も、ＰＴＡの会合も、基本的に「平日の夜」に行われます。その間は、会合に参加しないほうの親が家で子供の面倒を見たり、ベビーシッターに子供を見てもらったりすることもあります。

そのため、外国人から見ると、日本のＰＴＡの会合が今なお、「平日の昼間」に行われていることは不思議に映ります。高度経済成長期だった頃の日本は、専業主婦が多く、ＰＴＡの会合が平日の昼間に行われることも自然だったのかもしれません。でも、働く母親が増えている今もなお、変わらず平日の昼間に会合が行われていることに釈然としない気持ちになっている人は、日本でも多いのではないでしょうか。

母親を「学校や地域のお手伝いさん」と見なす

私は、平日の昼間に母親がＰＴＡ活動に引っ張り出されている原因として、今なお消えていない「昭和のお母さん像」があると思っています。

前掲著にも書きましたが、ＰＴＡの活動内容には「学校行事の運営の手伝い」「地域に学校や生徒の様子を伝えるための広報活動」「町内会主催の盆踊りやお祭りの手伝い」などといったものが含まれます。「ＰＴＡは学校のものなのに、なぜ地域の盆踊りの手伝いを？」と思ってしまいそうですが、ＰＴＡの活動内容には「地域の特性を生かした行事に参加する」というものが含まれているのです。そのため、女性たちが当たり前のように週末に地域の活動に駆り出されているところもあります。私には、これがまさに「昭和のお母さん」のように映ります。

というのも、かつて女性は、お盆やお正月に夫の実家の「おさんどん（台所仕事）」に駆り出されるのが当たり前でした。この「義実家」を「学校」や「地域」に置き換えてみると、構造がとてもよく似ていると思うのです。

言い方は悪いですが、ＰＴＡのお母さんたちが時に「学校や地域のお手伝いさん」と見なされていることが気になります。女性本人の意思は尊重されず、「女ならそれぐらいやるのは当たり前」と言わんばかりに、女性に負担を強いていることが多いのです。

さらに腹立たしいのは、ベルマーク運動など、やたらと時間のかかる活動は母親がメインでやっているにもかかわらず、ＰＴＡ会長など「上のほうのポジション」となると、そこは男性で埋まっていたりすることです。私の友達の女性は「ＰＴＡって何だか昭和の会社みたいなのよ。上のほうのポジションは男性で埋め尽くされているのに、現場の下っ端は女ばかりで、面倒なことは全部、女に任せている感じ」と嘆いていました。今の時代、これはジェンダーバランスの観点からも問題だと思います。

「仕事以外の義務」女性にばかり

働くお母さん全員が「時間に融通の利く仕事」をしているわけではありません。そもそも、有休を取りづらい雰囲気の会社が日本では少なくありません。そんな中、女性にばかりＰＴＡのために有休を取ることを強いているのは理不尽だと言わざるを得ません。

たとえば、有休を取って思いきりリフレッシュして仕事に戻るのならば、仕事のパフォーマンスも上がるでしょう。しかし、有休のたびにPTA活動をしていたのでは、リフレッシュとは言い難いです。細かいことかもしれませんが、PTAも含め、こういった「仕事以外の義務」が女性にばかり課せられることが、働く女性の足を引っ張っているのではないでしょうか。仕事に集中するためには、「仕事以外の部分」をなるべくシンプルにすることが求められます。しかし、女性がPTA活動に駆り出されていては、シンプルとはほど遠く、女性は疲弊するばかりです。

PTA活動にも良い面はたくさんあります。しかし、「女性の立ち位置」を中心に今一度考えてみると、世界経済フォーラムで報告されている「ジェンダー・ギャップ指数2020」で日本が153か国中121位（ドイツ10位）という結果になってしまった背景には、やはり「女性が仕事に打ち込みにくい環境」があります。家事やPTA活動を含む「仕事以外の部分で女性に負担がかかっている」現状を、見直してみる必要があるのではないでしょうか。

第4章

男女関係のなぜ？

こんなに違う

「生意気な女」は海外でモテる？

「今、世間を騒がせている女」は、メディアで定期的に取り上げられる人気テーマです。テレビや雑誌で特集されるだけでなく、最近はインターネットでの叩かれっぷりも目立ちます。そしてターゲットとなるのは、はい、いわゆる「生意気な女」です。

たとえば「お騒がせ女優」。古くは質問に「別に……」と答えた沢尻エリカさんや、最近では、論議を呼びそうな写真を掲載したSNSに「いいね！」したことをきっかけに、過去の行動や写真まで引っ張り出された水原希子さんの例もありました。

一度、標的になってしまうと、ファッションや生き方までが批判の対象になる。この現象、「とにかく生意気な女を叩きたくてしょうがないんだな」というふうに私には映りました。

海外のほうがモテる？　「生意気な女」

欧米では、「生意気な女」はむしろウェルカムです。不機嫌な言動や鼻ピアスなど「挑発的」とされている行為なんて、常に奇抜なファッションやメイクを披露するレディー・ガガ様や、プロモーションビデオで十字架を燃やしたマドンナの数々の行為を見れば、かわいいもんです。

「反骨精神」を大事にしている人が多いからか、ヨーロッパでは、いつの間にか社会が「もっとやれー」と応援する雰囲気になっています。中年の人は「私も／僕も若い時はいろいろやったよなあ〜」とノスタルジックな気持ちになりつつ、挑発的な若い人を応援していたりします。若い女性にとってガガ様は憧れの的ですし、若い男性に至っては、ああいった気の強さが前面に出ている女性が好きな人も多いのです。

有名人に限らず一般の女性に関してもそれは同じで、歩き方から髪の振り方まで見るからに気が強そうで、目が合えばガンを飛ばされそうな女性を「なんとか振り向かせたい」と恋をする男性もいますし、生意気な感じの女を射止めるのが生きがいになっている男性もいたりします。

もちろん日本でも生意気な女性が好きな人はいると思いますが、社会全体でみると「かわいらしく、面倒ではない女性」を好むような……。

面倒な女と諦めてもらったほうが得!?

しかし、男女の出会いの時に「かわいらしく、面倒ではない女性」になり切ってしまうと、結婚してから女性にとって損なことも。

たとえば家事にしても、付き合っている時にかわいらしく、家事も全部やってくれそうな雰囲気の女性だと、男性にとっては結婚後も家事は女性に任せるのが自然な流れになってしまいます。逆に、初対面の時に挑発的で、いかにも面倒くさそうな女性に「僕の家事をやってくれそう」などと期待する男性はいませんから、女性の側からすると、こちらのほうが都合のよい場合も。

人間は「慣れ」の生きものですので、かわいくて面倒くさくなさそうな女性が、途中から何かを主張し始めるよりも、最初から生意気な印象の女性が何かを主張したほうが男性もビックリしないし、コトがスムーズに進んだりもします。いっけん理不尽なようですが、これも女の人生における「あるある」なのでした。

童話やメルヘンの世界では、かわいい女の子が王子様と結婚して、そこで物語は終わりますが、現代の女性は結婚後の生活こそが正念場ですので、ここは現実を見て、あらかじめ「ちょっと生意気なお姫様」を演じてみてもいいかもしれません。

総合すると、日本において、女性の「生意気度」がもっと上がれば、女性への期待値が良い意味で下がり、女性がもっと生きやすくなるのではないか、と私は思っています。

男女平等問題は世界共通

こと「男女平等」の話になると、日本よりも外国のほうが進んでいる、という話になりがち。でも実はどこの国にも程度の差はあれど、その国特有のマチズモ（男性優位主義）というものが存在します。特に英語圏やドイツ語圏の人々は「とにかくしゃべるのが大好きな国民性」ですから、「女性に何かを解説したくて仕方ない男性」というものにしばしば遭遇します。いわば女性を前にウンチクを傾ける男ですね。

実はこの現象、マンスプレイニング（英語：Mansplaining）と言うのだそう。「男」を意味する「man」、そして「解説」を意味する「explain」を組み合わせた造語ですが、男性が女性に対して偉そうな感じで何かを解説するその有り様を指します。２００８年に米紙「ロサンゼルス・タイムズ」が運営するウェブサイト上で公開されたレベッカ・ソルニットのエッセイ「Men who explain things」（私に解説してくる男たち）が、このマンスプレイニングという言葉の誕生のきっかけだとされています。

冒頭の通り、マンスプレイニングは、男性だという理由だけで女性より優位になった気になり、ウンチクを語ることを指します。かくいう私も、エンジニアの職に就いている日本語が話せない欧米人男性に「本やコラムの書き方」、果ては「日本語の文章の書き方」について「アドバイス」されたことが。当時は、「なぜ畑が違う人に、レクチャーされなくちゃいけないのか」と不思議に思っていた私ですが、今思えば、あれはマンスプレイニングだったのですね。

そんなこんなで男性優位社会は何も日本に限ったことではありません。でもぶっちゃけてしまうと、私にもマウンティングをしたい気持ちはありますので、男性の「マウンティング欲」について、なんだか理解できてしまったりします。程度が軽ければ、人間くさくてかわいいな、なんて思ってしまいます。

何でもさらっとかわすのが「オトナの女性」？

けれど、マンスプレイニングにみる男性の女性に対するマウンティングから、果てはセクハラまで、なんでもかんでも「女性側がさらっとかわせば済む問題」だとは思いません。

日本では困難な状況に陥った女性に対して「笑顔で乗り切った」とか「うまくかわすのがオトナの女性」という、時に妙なほめられ方がされます。ですが、我慢はほどほどにして、時には皮肉たっぷりに言い返したり、ピシャッと言い返すのも世界基準ではアリなので、日本でももっと広まればいいのに、なんてひそかに思っている私です。

「上品」という呪縛

はっきりと言い返そうとしたり、意見を主張しようとしたりする際に、どこか頭の片隅にある「上品でなければいけない」という潜在意識が女性の足を引っ張ります。

日本では女性の言葉遣いや声のトーン、立ち居振る舞いなど、あらゆることにおいて「品があること」が求められます。もちろん品のある女性は見ていて気持ちがいいですし、実際に私も上品な感じの女優さんを「素敵」だとは思います。が、何かを言おうとしたり、やろうとしたり、つまりは何か「一歩」を踏み出そうとした時に、「これはやはり女性としては、行き過ぎだからやめておこうかな」とか「女性として品格を疑われるからやめておこうかな」と無意識に行動にブレーキをかけてしまうと、チャンスを逃してしまうこともあると思うのです。

仕事に関しては、男も女もある程度貪欲であることが求められますから、その過程で女性にばかり「品」なるものが求められるのはなんだかなあ、と思うのでした。「品のある男性」という言い方はあまりしませんし、そもそも世界のリーダーと言われる男性に「品」があるのかというと……。

そんなこんなで女性は仕事でガツガツしていいし、もちろん恋愛にもガツガツしていいし、痴漢に遭ったら下品な言動で撃退するぐらいがバランス的にはちょうどよいのではないかと思います。日本では「ヨーロッパの男性は、レディーファーストで紳士的」だとしばしば言われていますが、それは現地の女性が怖いからそうせざるを得ない部分もある……というのもまた実情なのでした。

「#MeToo」への異論は姑的発言か

性暴力やセクハラ被害に遭った女性たちが、「#ＭｅＴｏｏ」のハッシュタグのもと、ＳＮＳなどを通じて、世界規模で声を上げています。そんな動きに対して、フランスの大女優カトリーヌ・ドヌーブさんが２０１８年1月、著名人１００人らと連名でフランスの「ル・モンド」紙で公開書簡を発表。「女性を口説く自由は認められるべき」「膝(ひざ)を触ったり、軽くキスをしようとしただけで男性は制裁を受け、職を失っている」と指摘し、この発言が加害者を擁護しているとして非難を浴びました。

ドヌーブさんはその後、仏「リベラシオン」紙（電子版）に「気分を害した全ての（セクハラの）被害者に謝罪する」と書簡を寄せましたが、「ＳＮＳでのちょっとした批判が、処罰や辞職、メディアによるリンチを引き起こす」と、批判的立場は変えていません。その後も、フランスの元女優ブリジット・バルドーさんがセクハラ行為を告発する女優たちについて「偽善的」と発言して波紋が広がりました。

この一連の動きに関して、女性が自由に羽ばたけそうなことがあると、その足を引っ張る者が出てくるのは「一種の法則のようなもの」と私は思っているので、あまり驚きませんでした。「これはもしかしたら姿を変えた『嫁姑問題』なのかな」とも。「私も苦労をしたのだから、あなたも苦労しなさい」という姑的（？）な思考や願望があるのだとしたら、今回の発言も「私たちもされたのだから、今の若い女性たちはゴチャゴチャ文句を言わないで」という気持ちが隠れているのかも、と推測してしまいました。

「ほかの女性はセクハラに遭っていない」

今回のことは「女優たちの話」と捉えられがちですが、日常生活の中に潜むセクハラの場合も、こういったシチュエーションは起きやすいです。たとえばある女性が会社で「〇〇さんにセクハラをされた」と訴えると、「ほかの女性社員は皆被害を受けていない」というような反論が出ます。つまりは「あなた以外のほかの女性は被害を受けていないのだから、あなたがおかしいのでは？」「あなたの勘違いなのでは？」というようなリアクションです。

私自身、大昔にストーカー一歩手前のしつこい男性について、勤めていた学校に相談をしたところ「でも、ほかの女性の先生はその男性にしつこくされていない、と言っている」と言われてしまい、何の解決にもなっていないその発言を腹立たしく思いました。女性が困難な状況に陥った時、この手の反論にもなっていないような反論をされがちですが、想定内だとして地道に闘うしかないのかもしれません。

女性が声を上げると、何かと周りから「茶々が入る」世知辛い世の中ですが、周りからのこうした反応を防ぐことはできなくても、普段から「なにか茶々が入るだろうな。でも、惑わされないようにしよう」とあらかじめ覚悟しておきたいものです。女の心構えに関しても、まさに「備えあれば患いなし」です。

「伝統だから女人禁制」はどこまで通用するか

横浜美術館で開催された「ヌード」展は、ヌードの歴史をたどる美術展。「＃ＭｅＴｏｏ」運動の流れの中でみると、「見る・見られる」という関係性を改めて考えさせられます。

というのも、会社や組織に属しながら働いている場合、何をもってセクハラとするのかは比較的明確（あくまでも「比較的」です）なのですが、一方で「線引き」が曖昧（あいまい）になってしまっているのが「芸術」の世界だからです。

モデルで女優の水原希子さんが、かつて広告の撮影で上半身裸で胸を手で隠すポーズをとらされた時、通常は少人数しかいない撮影現場に、その時だけ用もないのに多くの男性がいて、嫌な思いをしたことをＳＮＳで告白していました。

思えば「＃ＭｅＴｏｏ」の火付け役になったのも、アメリカで女優という「表現の世界」にいる女性たち。その後、日本でも、有名写真家のモデルになった女性が明確な契約書がないままに性的に過激な写真を撮られ続けた精神的苦痛を告白するなど、様々な告発が相次いでいます。

女優やモデルは「選んでもらう」必要があり、「誰を選ぶか」という決定権はプロデューサーや監督、写真家らにあります。決定権のある職業には男性が多く、そういった権力関係の中では、このようなセクハラが起きやすいとされています。

ドイツの告発、監督の言い逃れ、業界の対応は……

ドイツで先日、ある男性のテレビドラマ監督が長年にわたり、複数の女優を性的に搾取していたことについて、数人の女優が声を上げました。ドイツのベテラン女優であるイリス・ベルベンさんは、その動きを応援し、自身も1970年代に、監督からのディナーのお誘いを断ったら、翌日から、その監督の撮影現場では、"Hallo"という単純なセリフを30回以上も言わされ、撮り直しを何十回も行うという嫌がらせの日々が続いたと語っています。

巧妙なのは、監督側が「女優の魅力を引き出すためにやった」と、いわば言い逃れをしており、芸術の名のもとに被害を過小評価してしまっていること。しかし、世論は女優の味方をしています。何十年も前のことであっても、#ＭｅＴｏｏにかかわる内容を「そんな昔のことを……」と言う人は少なく、むしろ「かつては言えなかったことについて、声を上げること」がドイツではポジティブに評価されている印象です。

現在、イリス・ベルベンさんはドイツ映画アカデミーの会長で、同アカデミーは「業界で性的被害やパワハラに遭った際の相談所」の設立に取り掛かっています。被害者が精神科医の同席のもと、非公開で体験について語ることができるワークショップの開催も企画しています。

政治家も動いています。ドイツ連邦首相府文化メディア担当のモニカ・グリュッタース国務大臣は「クリエイティブ業界」（いわゆる芸能界）で性的被害に遭った人のための相談所を支援するとともに、「作り手側である監督や写真家に女性を増やし、健全なジェンダーバランスをとることが長期的にハラスメントを減らすためには重要だ」と発言しました。

どこまで過去をさかのぼればよいのか？

一方で、ヨーロッパでは最近、歴史あるアート作品に関しては、「どこまで過去にさかのぼればよいのか」という点が議論されています。というのも、「現代の価値観」と照らし合わせた場合、問題がある作品が少なくないからです。クールべの絵画「世界の起源(L'Origine du monde)」に始まり、ボッティチェリの「ヴィーナスの誕生」、ルーベンスらによって描かれた「サビニの女たちの略奪」など数多くの作品が「男性的な視線で女性を描いている」からで、そこが問題視されるようになっています。

実際に、イギリスのマンチェスター市立美術館に展示されていたウォーターハウスの「ヒュラスとニンフたち」について、「男性的な視点で描かれていていかがわしい」「女性差別的である」といった抗議の声が上がったことから、この絵画が一時撤去されました。ところがその直後に、作品の撤去がまた批判を受けて、結果的に再び同じ場所に展示される、という騒動もありました。

「博物館や美術館はそもそも『過去の時代に価値があったものを保存する場所』であるため、現在の価値観だけで判断するのはおかしい」という声があった一方で、「過去の価値感を『当たり前』として公の場で展示し続けては、いつまでたっても『男性側の視線』を中心とした男性主導の価値観から逃れることができない」という声もありました。これは一見「騒動」に見えても、そのような議論をすること自体に価値があるように思います。

#MeTooに関しては、「どんな仕事内容であってもセクハラや性的搾取は許されない」という価値観が少しずつではありますが、浸透してきました。過去の作品を全て今の

時代の価値観に照らし合わせることには無理があると個人的には思いますが、過去はともかく、「今とこれから」に関しては女性がどんな場にいても「生きやすい」時代になってほしいです。

「男性側の視線」はどこまで許される？

「＃ＭｅＴｏｏ」によって、女性が声を上げやすくなったおかげで、様々なセクハラの事例が表面化しています。セクハラが「完全に悪いこと」と認定されつつあるのは喜ばしいのですが、その一方で課題が残るのが「伝統」の世界です。

「伝統」を問題視するのはお門違い？

２０１８年４月に京都府舞鶴市で行われた大相撲巡業の際、土俵でスピーチ中に倒れた市長の応急処置をする女性に、「女性の方は土俵から下りてください」とアナウンスが流れ、物議を醸しました。この「事件」に関しては、国内ニュースだけにとどまらず、欧米メディアでは悪しき女性差別の例として紹介されました。

国内では、様々な見方がされています。「女性が土俵に上がれないこと自体が差別であり、一刻も早く改善されなければいけない」という声が上がる一方で、「緊急事態においては女性が土俵に入るのもやむを得ないが、基本的には女性は土俵に上がるべきではない。それが相撲の伝統」という意見も。つまりは「(土俵の女人禁制は)伝統なのだから、今の感覚で捉えて、女性差別だと騒ぐのはお門違い」というわけです。

女人禁制を変えたカトリック教会

しかし、「伝統」は、時代とともに変化しています。保守的とされる英国王室は一昔前なら許さなかったであろう、離婚歴があり、アフリカ系の母を持つ、エンターテインメントビジネス出身のメーガン・マークルさんとヘンリー王子との結婚を認めました。

同じく保守的とされるヨーロッパのカトリック教会でも、男児や男性に限っていた神父に奉仕する「ミサの伴僧」を、１９８０年代から女児や女性にも内々で認めるようになり、１９９２年には当時のローマ教皇が公式に女性の伴僧を認めました。女性には生理があり、かつ「誘惑者」として警戒されていたため、かつては「女性は祭壇に上がるのはふさわしくない」と思われていました。現在のドイツではカトリック教会のミサの伴僧の数は男性と女性で約半分ずつとなっており、数字的にもよいバランスがとれています。

どんなに長い歴史や伝統があろうとも、現場の人、そして何よりも組織のトップが「変えよう」と思えば、変えられるということ。まさに「やればできる」のであり、逆にいえば、何も変わらないということは、トップの人にやる気がないだけともいえるでしょう。

女の子は顔が命？

相撲といえば、静岡市で開催された「ちびっこ相撲」で「安全確保」のために女児が出場できない騒動もありました。説明の際に日本相撲協会の芝田山広報部長（元横綱大乃国）の「女の子が万が一、けがをして顔に傷でもついてしまったら」という発言に「なんだか嫌な感じ」をおぼえました。

「顔に傷があるとお嫁に行けなくなる」的な「女の子は顔が大事」という価値観が透けて見えたのでした。ちなみに「顔に傷」発言は、協会内で共有されている考え方とのことです。女人禁制は「伝統だから」「神事だから」という意見がありますが、発言を聞いているると、それ以前に、女性に対する差別意識が根強いのでは、と感じてしまいます。

女性のすし職人が少ないのは……？

伝統芸能・文化の世界でも後継者は男性のみというものは少なくないですし、明確に女性を排除する規定はなくても、慣習的に男性の仕事とされてきたものもあります。たとえば、すし職人。「職業はたくさんあるのだから、女性がすし職人にならなくても」という声もありますが、ある職業に性別が理由で就きにくい、というのは決してささいな問題ではありません。

「女性は体温が高いから、ネタの鮮度が落ちる」という説も流布(るふ)しているので、冷え性の女性なら大丈夫なのでしょうか……？　冗談はさておき、要は「男社会に女を入れたくない」が本音なのでしょう。でも、最近は女性のすし職人も活躍しています。男性と女性のすし職人が和気あいあいと働けるのが今の時代の理想ではないでしょうか。

世間には「伝統の世界」は「一般の社会」とは違うという声もあります。では、一般社会で女性の立ち位置は高いのかというと、残念ながらそうではなく、ジェンダー・ギャップ指数2020で日本は153か国中121位。悲しいことに、今のところ伝統の世界も一般の社会も女性には優しくない、ということです。

伝統の世界は、メディアを通して人の目に触れ、無意識のうちに「家族」というもののロールモデルになっていたりもします。その「家族観」のようなものを通して、「女性は一歩引いて男性を支えるのが素敵なんだ」と世間に思わせてはいないだろうか、と気になってしまいます。もちろん当事者には何の罪もないのですが……。

全てはつながっている

そう考えると、最近明らかになっているセクハラの数々も、「女性を排除する『男だけの世界』がある」→「結果として、女性の要望を気にかけない」→「従来の男性の価値観でセクハラを起こしてしまう」という構図が見えてくるのでした。

もちろん男性が多い組織だからといって、即セクハラが起こるわけではありません。が、決裁権のあるポジションに男性しかいない組織の場合、女性に対するセクハラは起きやすいですし、起きた場合も何かと対応が遅れがちです。決裁権のあるポジションに男性と女性が同数いれば、バランスがとれ、セクハラが当たり前のように蔓延する「空気」にはなりにくいと思います。

そもそも「普段はまったく差別されていないのに、ある分野において『のみ』差別される」ということは差別問題においてはまれで、「いろんな所で起きる『小さな差別』が当たり前のように積み重なり、広がりを見せ、結果的に大きな差別につながっている」ことが少なくありません。「伝統世界で女性は後継者から排除されているが、一般社会においては同等に扱われている」ことはないのです。伝統を重んじるあまり、今の社会に合わない価値観を温存しないよう、制度・規定や慣習を変える時が来ているのではないでしょうか。

ヨーロッパに「パパ活」がない理由

あるSNSで「パパ活」にまつわるコメントをしたところ、日本語のわかる外国人の知り合いから「パパ活って何ですか?」との質問を受けました。確かに「パパ活」という言葉はわかりにくく、パッと見ると、「父親が懸命に育児をすることかな」などと思ってしまいそうです。

パパ活とは、「若い女性が年上の男性に食事をごちそうしてもらい、お小遣いをもらうこと」だと説明すると、驚かれます。

ヨーロッパでは若くてもチヤホヤされない!?

先に言ってしまうと、ドイツを含むヨーロッパでは、パパ活は日本と同じ形では存在しません。

理由の一つに、ヨーロッパでは、若い女性が日本ほどチヤホヤされない、という点が挙げられます。日本では「若い女性」は何かとチヤホヤされますが、これがドイツだとそうでもありません。日本でよく聞かれる「若いっていいですね」というような発言もあまり聞きません。

ヨーロッパはもっとドライです。若い女性に対しても、年齢を重ねた女性に対しても、扱いにさほど差はありません。言ってみれば20代も50代も同じように扱われます。「若さ」にあまり重点が置かれていないのです。

そういった中で、「どうしても20代の若い女性とデートがしたい」と考える中高年の男性がいないとは言いませんが、「若い女性が好き」といった感覚を前面に出すのは社会的に恥ずかしいとされているため、パパ活のようなものは一般的ではありません。それらしきカップルも街中であまり見かけません。そんなこんなで、「若い女性＝価値がある」という前提そのものがないので、当然、パパ活の需要もないのでした。

年の差カップルへの世間の「厳しい目」

ドイツの場合、男性が明らかに自分よりも何十歳も年下の女性を連れて歩いていると、レストランなどでも時に冷たい視線を浴びますし、好奇の目で見られがちです。偏見も入っているのですが、「あんなに年上の男性が、あれほど年下の女性を連れているのは『純粋な恋愛』などではなく、お金にモノを言わせているのだろう」と思われ、あまり好意的に捉えられません。

そもそもなぜ、私がそんな「世間の目」に敏感なのかというと、私の両親に20歳の年齢差があるからです。私の両親はパパ活で知り合ったわけではありませんが、年齢差が大きいことから、ドイツでは外出時に好奇の目で見られる、ということがよくありました。それが嫌で、思春期だった頃の私は、よく両親との外出を拒否していました。

45歳も年下の奥さんがいる加藤茶さんのような「年の差カップル」は、日本では時に「ほほえましい」と見られますが、ドイツで向けられる視線はシビアです。当然、そういった意味でも、パパ活は成り立ちません。

ドイツの男性はケチ?

総合的に見ると、ドイツの男性のほうが日本の男性よりも金銭感覚がシビア、つまり良い言い方をすれば、節約家が多いのは確かです。

よって、彼らの多くが若い女性との会話や食事を楽しむために、何万円（あ、ヨーロッパなので、何百ユーロでしたね）も払うとは考えにくく、このあたりもパパ活が存在しない理由かもしれません。

パパ活自体が「お金を払ってでも若い女性と食事や会話をしたい金払いの良い男性」と「お小遣いのためなら自分とは世界観の違う年上の男性と出かけることも厭わない女性」という、需要と供給がないと成り立ちません。ヨーロッパでは、パパ活に関する需要と供給がそもそもないのかもしれません。もちろん、ヨーロッパの女性は、化粧品やブランドに日本人女性ほどお金をかけないこと、またドイツに関しては多くの大学が国立であるため学費がほとんどかからない、といったそれぞれの国の事情が関係しているのも確かです。

かつて心理学者の小倉千加子さんは「結婚とは『カネ』と『カオ』の交換」と言いましたが、現在のパパ活も「男性のカネと女性のカオや若さの交換」がベースにあるところは見事に同じです。それにしても、先ほど「ヨーロッパはもっとドライ」と書きましたが、こうやって書いているうちに、ヨーロッパ人がドライなのか、日本人がドライなのか、ちょっとよくわからなくなってきました。

パパ活を誤解するヨーロッパ人

前述の通り、ヨーロッパには節約家が多く、「若い女性にはそれだけで価値がある」というような感覚があまりないため、多くのヨーロッパ人男性にとって「若い女性と食事をするため〝だけ〟に何万円もお金を払う」というのは、信じられないことです。そのため、ニッポンのパパ活というものをドイツ人に説明すると、「それは嘘だ。一緒に食事をするためだけに、お金を払っているはずがない。絶対、その後に『それ以上』のことをしているはずだ」と反論されることも多いのです。

ちなみに昔、「銀座のクラブ」についてドイツ人に説明した時も、同じ反応でした。そんなこんなで、銀座のクラブもパパ活も、ヨーロッパ人男性には「会話をしたりお酒を飲んだり以上のことが毎回行われているに違いない」と誤解されがちです。

まあ、よく考えてみれば、パパ活なるものを外国人に理解してもらう必要などないのかもしれません。でも、「その国で実際に起きていること」は多少、下世話なものであっても、ほかの国の人たちにもいろいろ知ってほしいな、なんて思ってしまうのでした。

「女の友情」に必要なものとは

実は、女性同士の友情や、それにまつわる「モヤモヤポイント」には共通点が多く、国境や文化はあまり関係なかったりします。

ドイツの女子会は「非常事態」に開催

日本のレストランやおしゃれスポットには「女子会プラン」があるほど、ここ数年、女子会が市民権を得ています。日本の女性は「楽しいから」という理由で女子会を開いていて、その気楽な雰囲気が私は好きです。

というのも、ドイツで女子会は「Weiberabend（ワイバーアーベント）」といいますが、「女性の人生に何か大きなピンチが起きた時に女友達が集まって、その女性を励ます会」というイメージなのです。そして、その「ピンチ」とは、大失恋をしたとか、離婚をしたとか、恋愛がらみであることが多いのです。そのため、ドイツで女子会というと、集まればもちろん楽しいのですが、どこか「非常事態」的なイメージがあります。

「友達」ではなく「会社」の味方をする友達

そうはいっても、ヨーロッパで普段、女性同士の付き合いが大事にされていないわけではありません。日本のように同性が大勢で集まることは少ないけれど、価値観が合い、互いに認め合える友達の存在はやはり貴重です。

ところで、この「価値観が合う」ことについて、私は若い時「その女友達とフィーリングが合う」とか「一緒に盛り上がれる」といった「ノリ」のようなものを大事にしていました。でも、年齢を重ねるにつれ、その場のノリよりも、「根本的なところで価値観が同じかどうか」が大事だと思うようになりました。

何年か前に、私は女友達3人で近況を語り合っていました。そのうちの一人が、好きな仕事をフリーランスの立場でやってきたけれど、今後は大きな会社の契約社員として仕事ができることになったと報告してくれました。ところが、彼女が正社員ではなく、1年ごとに更新する契約社員として雇われるのにもかかわらず、彼女がそれまでフリーでやってきた仕事を全て断るよう、会社側から言われたそうなのです。「長年フリーで苦労して得てきた仕事を全部断ってしまえば、もし1年後に契約が更新されなかった時、何も仕事が残らなくなってしまう」と、彼女は悩んでいました。

私は、社員に安定した雇用形態を与えないのに、やたら束縛する会社というものについては疑問を持つタイプなので、彼女に同調していたのですが、その場にいたもう一人の女友達は、最初から最後まで「会社」の味方をしていました。彼女いわく、「会社とはそういうものだから、契約社員といえどもほかの仕事は全てやめるのは当たり前」。友達に味方をする様子はまったくなく、それを見て「なんだか嫌だなあ。こういう意味での価値観の違いって、友達としてある意味、致命的なんじゃないかなあ」と思いました。

世の中には「個人」より「組織」を何が何でも優先したいと考える人、「弱い者」より「強い者」を当たり前のように味方する人がいます。自分にとって最も近い存在であるはずの女友達が悩んでいる時に、その友達ではなく、彼女を悩ませている「会社」の味方をしてしまう「友達」って一体なんなんだろう、とモヤモヤしながら帰りました。

女友達は「心のよりどころ」

前述の例に限らず、友達が悩んでいるのに、やたら組織の味方をしたり、友達に寄り添わず「普通はこうだよ」などと言い、「世間の常識」を振りかざしてマウンティングをしたりする人がいますが、そういう人と友達関係を続けるのは疲れますから、よく考えたほうがよいでしょう。人間、特に女性は、日々の生活の中で世間からつらく当たられる場面も少なくないのですから、女友達が「心のよりどころ」になれば、互いに生きる活力になるのではないでしょうか。

長い人生で、女性にはいろんな場面があります。互いに会社員として出会ったり、ママ友として出会ったりなど、人生の節目節目で良い出会いがあり、その後、人生のステージが変わっても、良い友達関係が続くこともあります。

ただ、「最初に出会った場所」や「出発点」が、友人関係に後々まで影響を及ぼすことも多いようです。たとえば、会社員同士という「立場」で出会った場合、その後、一人が自分で会社を設立したり、フリーランスになってまったく別の分野で活動するようになったりすると、それを会社員時代の友達が必ずしも喜んでくれるとは限りません。むしろ、「なんだかわからない方向に友達が変わってしまった」と思われることもあるでしょう。

「応援してくれているか」を見極める

そんなこんなで、女性同士の友情は、出会った場所やその時の互いの立場にも左右されるものだと思います。ゆえに、これから羽ばたこうとするあなたに、友達から何だか嫌な気持ちになるコメントが続いたり、足を引っ張られていると感じたりしたら、注意が必要かもしれません。

私は、会社員時代にできた友達と、会社をやめた後も良い付き合いをしていると思っていました。でも、私が立ち上げたばかりのブログについて嬉々として語っているそばで、「ブログに載せた写真って、肖像権とか大丈夫なの？」と言われ、なんとなく「ああ、この人は心配しているようで、実はあまり応援してくれていないのかもしれない」と感じたのです。写真は許可を得て載せたものなのですが、ブログを立ち上げた私の喜びをよそに、なんだか事務的な「確認」がその友達から続いたことに、あまり良い気持ちはしませんでした。

あなたが何か新しいことを始めようとしている時に、友達から「え？　それっていいの？　それって大丈夫なの？」と、やたら「確認」がある場合は、単にその友達が慎重派である可能性もありますが、羽ばたこうとしているあなたへの「モヤモヤ感」からその手の言葉を発している場合もあります。なので、その言葉を真に受けて、あなたがやる気をなくしたり、引き込まれたりしないように注意が必要です。

「客観的なアドバイス」はもちろん大事ではあるのですが、それはあなたのことを応援しているということが前提なので、その見極めは大事かもしれません。

「個性」を尊重し合える関係を

私は、新たに決まった仕事や、これからやろうとしていることについて、必ずしも友達に全部話さないこともあります。というのも、事前に話して相手から反対意見を言われると、やる気をなくす、という自分の性格の弱さをよく知っているからです。結果として秘密主義的になってしまい、友達には事後報告となることも多いです。そんな秘密主義の私に愛想を尽かさず、「まあサンドラはそういうもんだから」と半ば諦めもあるのでしょうが、それも個性だと理解してくれる女友達がいるのは、本当にありがたいことです。

そんな中、自分もできるだけ人の個性を理解したいと思うようになりました。もしかしたら、「互いに個性を理解し合えること」が長いスパンの友達関係には大事なのかもしれません。ちょっと恋愛とも似ていますね。

女子会に男が参加する「家族ぐるみ」の付き合い

日本では、独身の時だけではなく結婚後にも女子会を楽しむことがありますが、ドイツの場合は、恋人や夫ができると、女友達とは「家族ぐるみの付き合い」（パートナーぐるみ）になることも多いのです。今まで女友達とは「1対1」で会っていたのが、今度はパートナーも含めての付き合いになるというわけです。

理想とされているのは、お互いにパートナーを持ち、ダブルデートのようにカップル同士でバーベキューをしたり、旅行をしたり、という関係ですが、同時期にパートナーがいるとは限りません。そのため、時に「夫婦＋奥さんの女友達」の3人で行動する場合もあります。

日本人女性と結婚しているドイツ人男性が、妻が「女友達のBさんと食事してくるね」と言うと、「僕も参加したい！」と言い、時に妻に嫌がられるという事例もあったりします。まあこれは「『女同士での付き合い』は女同士での付き合い』として、異性のパートナーはその付き合いに巻き込まない」のが常識の日本 vs.「パートナーや配偶者ができたら、お互いの友達に関しては家族ぐるみで付き合う」のが主流のドイツという文化の違いがあらわになった形です。

女の友情は「同じタイミングでお互いに共感し合えるか」

恋人や配偶者ができると、友達との付き合いもそのパートナーを含めたものとなり、子供ができたら子供も含む家族ぐるみのお付き合いになるのが、欧米では一般的です。ただ、当たり前ですが、子供を持たない女性もいますし、そもそも結婚するタイミングやパートナーができるタイミングに関しても、「人それぞれ」です。

友達同士のライフステージが変化することで、共通の話題が少なくなったり、相手の話に興味が持てなくなったりすると、女友達と疎遠になりがちなのは、残念ながらヨーロッパも日本も同じかもしれません。

友情は実際のところ「同じタイミングでお互いに共感し合えるか」が大切なように思います。なので【恋愛・結婚・出産】という3項目において、タイミングがずれたり、人生観の違いから別の道を歩んだりすると、共感度が薄れがちになり、気がついたら疎遠になっていたということもあるのが女性同士の付き合いの難しさなのかもしれません。

離れた場所に住む友人との交流

心理的な距離だけでなく、地理的に離れてしまうと、関係性も必然的に変わってきます。今まで日本人や欧米人の素敵な女友達とたくさん出会ってきましたが、日本の友達のほうが、メールやSNS、そして時に手紙も含めて、筆まめな人が多いです（もちろん人によりますが）。そもそもお互い東京都内に住んでいても、仕事が忙しい人も多いので「会えなくても、季節ごとに近況報告をしたりして、友人関係を大事にする」ことが元より身についているのかもしれません。

ヨーロッパの場合は、ある意味ドライで、地理的に遠い所に引っ越してしまうと、SNSやメールでの連絡も途絶えがちな印象です。恋愛に関しても似たようなところがあり、「頻繁に会えること」を重要視している欧米人には時に「長期にわたる遠距離恋愛」は難しく、日本人のほうが遠距離恋愛は得意というと語弊がありますけど、会えないなら会えないなりのコミュニケーションが上手な印象。これはドイツには単身赴任がほとんどないのに対し、日本には単身赴任があることも一因かもしれません。

男性同士の場合は力関係の基準が明確

ちまたでは近年、「マウンティング」という言葉をよく耳にします。この言葉、元々は動物社会における順位確認などの行為を意味しますが、日本では、人間関係において「自慢話などをさりげなく会話の中に盛り込み、自分が相手よりも『上』だということを示す」といった意味でよく使われています。特に女性同士のマウンティングが話題になることが多く、メディアにもよく取り上げられています。

いうまでもなく、マウンティング行為は何も女性の間だけで行われているわけではありません。男性同士のマウンティングだって日常です。ただし、男性の場合は、相手との「力関係」を測る物差しが比較的はっきりしているのではないでしょうか。単純な例で恐縮ですが、社会的地位や運動能力、財力などがモノをいうことが少なくありません。

余談ですが、たとえばドイツではここ数年、環境保護の観点から、人々の移動手段が車から自転車に移行しつつあるものの、一部のドイツ人男性の間ではまだまだ「車にまつわるマウンティング」が行われています。「自分の車のほうが、あいつの車よりもスピードが出せる」「自分の車のほうが、あいつの車よりランクが上」というようなマウンティングを、会話の中でちょくちょく耳にするのです。一方、日本の男性の場合は、一概には言えないものの、「仕事や稼ぎ」で自分が相手より上か下かをランクづけしていることが多いのではないでしょうか。

「幸せ」を競い合う女性たち

これに対して、女性同士の場合は、「どちらが上か下か」の基準が男性同士よりも一見わかりにくいものです。というのは、女性同士の場合、「体力のあるほうが偉い」などというはっきりとした基準はありませんし、仕事で出世をした女性がなぜだか「それって幸せなの？」といった目で見られてしまう雰囲気も、日本にはまだあるからです。

そんなふうに、「何をもって『成功』とするのか」という基準が曖昧なためか、女性同士の場合は「どちらが優秀であるか」というよりも「どちらがより幸せであるか」を競い合うことが多い印象を受けます。つまり、女性によるマウンティングには「私はあなたよりも『幸せ』なのよ」というメッセージが含まれているのです。そんな「幸せ確認」のために、会話の中で相手の夫の職業を聞き出した後、「自分の夫のほうがどこからどう見ても稼ぎの良い仕事をしている」ことをアピールするといったマウンティングも日本ではよく見られるのでした。

女性同士のマウンティングの特徴は「会話に男性が登場すること」です。それが彼氏や夫であることからもわかるように、女性の幸せは意識的にか無意識的にか、恋愛や結婚と結びつけて考えられていることが多いようです。日本の場合は、会話の中にチクリチクリと、彼からのプレゼントが高額であることが盛り込まれていたり、夫の役職や年収をうかがわせる情報が「さりげなく」盛り込まれていたりすることが多い気がします。でも、幸せを競い合う女性というのは、何も日本だけの話ではなく、欧州の女性も時に幸せを競い合っています。

パートナーの名前を会話の中で連発

私がかつて一緒に仕事をしていたドイツ人女性で、仕事中によく夫の話をする人がいました。仕事の話をしていたかと思えば、「アンディがこう言ってた」とか「週末はアンディがこんなことをした」にはじまり、「アンディが深爪をした」とか、果ては「アンディがTシャツを買った」といった他愛のない内容で、私はほほえましく聞いていました。しかし、いつからか彼女が「夫と過ごした週末の話」をした後に、「で？　あなたは？　週末はいつも一人で過ごしているの？」と、私が独身であることを確認するかのような話しぶりになり、ここで私もようやく「ん？　もしかして私、ずっとマウンティングされていた……？」と気づいたのでした。

これには後日談があり、しばらくして私が結婚することになった際、「彼女に結婚のことを伝えるのも何だか面倒くさいので、そのままマウンティングさせておけ」と思ってしまい、彼女には伝えず、その後もマウンティングされ続けていました。ところが、ある日、ふとしたことから結婚をしたことが彼女にバレてしまいました。それを機に、彼女からのマウンティングが止まったのはよかったものの、あれほどしてくれていたプライベートな話をまったくしてくれなくなりました。

振り返ってみると、「夫のアンディがTシャツを買った」といった話は、私が当初思っていた「他愛のない会話」などではなく、「私の生活には常にアンディがいて、あなたの生活の中には愛してくれる男性がいなくてかわいそう」という意味だったと知り、ちょっぴりショックでした。

彼氏の家族を自慢する欧風マウンティング

このように、ドイツを含むヨーロッパにおける女性同士のマウンティングには、「パートナー」は登場するものの、それは必ずしも「彼の年収や肩書」などの自慢ではなく、「私には24時間一緒に過ごせる男性がいる」というような自慢だったりするので、日本的な感覚だとちょっとわかりにくいかもしれません。さらには「彼氏の家族といかに家族ぐるみの良い付き合いができているか」、果ては「彼ママ（彼氏のお母さん）がいかに素晴らしい人物か」など、日本的な感覚からすると「謎」のマウンティングも登場したりします。

まとめると、女性同士のマウンティングに関しては、日本でもヨーロッパでも「恋愛が絡んでいる」という共通点はあるのですが、日本の場合は、男性の経済力が遠回しにアピールされがちなのに対し、ヨーロッパ流のマウンティングは「見て見て！　私たち、24時間ずっと一緒なの！　良い関係が築けているのよ！」という旨のマウンティングだったりするのです。

でもマウンティングも、多少ならば、あっても人間くさくて良いような気もします。自分自身も、至るところでマウンティングをしているのだと思います。もしかしたら、私の場合はマウンティングというよりも「出羽守」（何かにつけて「海外では」などとほかの例を引き合いに出して語る人）という言葉のほうが当てはまるかもしれませんが……。

男女混浴サウナで「整う」裸感覚

サウナブームの日本。サウナが舞台のテレビドラマやマンガが相次いで登場し、２０１９年７月からは、サウナ好きの主人公が全国のサウナ施設を巡るドラマ「サ道」（テレビ東京系列）が放送されて話題になりました。

汗を滴らせるスッポンポンの男女

ドイツでも昔からサウナは人気です。健康ランドやプールには必ずといっていいほどサウナがあります。日本と同じく、スポーツジムで汗を流した後にサウナを楽しむ人もいます。寒い季節が長いドイツでは、「サウナで汗をかく」ことを習慣にしている人が少なくありません。

このようにサウナ文化が根づいているドイツですが、日本人から「ドイツのサウナに行ってビックリ仰天した」という声をよく聞きます。数年前、ドイツに赴任した知人の日本人女性A子さんは、現地のジムに入会しました。運動をした後にさっそくサウナに入ろうとドアを開けたところ、目の前に広がる見慣れぬ光景に目を丸くしたそうです。

サウナの中に、女性だけでなく男性の姿があったからです。しかも、水着姿でもなければ、タオルで覆い隠すこともなく、いわゆるスッポンポンの状態の男女が一緒に汗を滴らせていました。A子さんは驚きのあまり、その日はサウナに入るのを断念し、そのまま帰宅しました。そして、私を含む複数のドイツ人に「今日、サウナに行ったら、男性がいたのだけれど、これは普通なの？」と聞いてまわっていました。

みんなの視線がアンダーヘアに集まる

結論からいうと、ドイツでは「サウナは男女混浴が一般的」です。そのことを知ったA子さんは、覚悟を決め、後日、ジムの混浴サウナに再トライしたのだとか。最初は恥ずかしかったそうですが、周囲が堂々として爽（さわ）やかだったため、A子さんはサウナに男性がいることが気にならなくなったそうです。

確かに、ドイツのサウナではみんな周囲の人をあまり気にしません。そもそも、それぞす。

れ「汗をかくこと」に集中していますから、性別なんてお構いなしに、開放的な雰囲気で

ところが、Ａ子さんの話には後日談が。すっかり混浴サウナに慣れたＡ子さんがある日いつも通りサウナに入ると、そこには同じ会社で働く日本人男性も裸で汗を流していました。つまり、バッタリ同僚に会ってしまったわけです。その時は互いにあいさつはしたものの、会社で顔を合わせるたびに気恥ずかしい思いをしたのだといいます。Ａ子さんは「サウナに男性がいても気にならなくなったのに、日本人の男性と遭遇したら恥ずかしいなんて不思議よね」と苦笑いしていました。

ところで、スッポンポンの異性が隣にいても気に留めないドイツ人が、サウナで気にすることがあります。ここ数年、ドイツでは男女問わず、アンダーヘアを完全に脱毛してツルツルにしている人が多くいます。特に、サウナ利用者にその傾向は強く、サウナで多数派は「毛がない」人たちです。先ほど「周囲の人をあまり気にしません」と書いたのと矛盾するようですが、ドイツでサウナを利用するなら、脱毛をしておいたほうが「注目を浴びずに済む」でしょう。もちろん、脱毛をしないままサウナを利用してもかまいませんが、もしかすると「一瞬だけみんなの視線を浴びる」ことになってしまうかもしれません。

「裸」に関する感覚の違い

ヨーロッパでは混浴サウナも少なくないですが、なかでも「あけっぴろげ」で有名なのがドイツのサウナです。ドイツ人は男女混浴のサウナで平気なのでしょうか。なぜ、ドイツはＦＫＫ（Freikörperkultur）と呼ばれる「裸体主義文化」（ヌーディズム）なるものが19世紀末から今日に至るまで盛んです。そのため、「公の場であっても日焼けは全裸でしたい」と考える人が多く、人前で裸になることに対するハードルが低いのです。

猛暑日が続いた２０１９年の夏、「裸」を巡ってドイツである〝事件〟が起こりました。ミュンヘンのイザール川の川岸で、トップレスで日焼けを楽しんでいた女性に警備員が「ビキニトップを着用するように」と命じたところ、これが大騒動に発展したのです。

警備員に注意された女性との連帯感を示すため、ビキニ姿で日焼けをしていた周囲の女性たちが、次々とビキニトップやブラジャーを外しました。そればかりか、後日、ミュンヘンの議会で「男性は公の場でもトップレスで日焼けができるのに、女性にそれが認められていないのはおかしい」と議題に上ったのです。その結果、「性別に関係なく男女とも性器を覆っていればよい」というふうに規定が見直され、事実上「女性のトップレスでの日焼けはオッケー」となりました。

このようなエピソードを紹介すると、「ドイツ人はとにかく裸に対してオープン」と思われるかもしれません。ところが、以前、ドイツ人女性を日本の温泉に誘ったところ、「知らない人と一緒に裸で温泉に入るのは嫌だ」と言われてしまいました。「混浴サウナで裸は平気なのにどうして？」と聞いたところ、「裸でお湯につかるのはまた違う」と反論されました。ドイツの温泉は水着を着用して入ります。知らない人と全裸でお湯につかることには慣れておらず、抵抗があるのだと思います。この一例をみても、裸に関して一概にこうだとは言い切れないところに、国際交流の奥深さがあるのかもしれません。

ドイツのサウナは「アウフグース」で整う

ドイツのサウナといえば、なんといっても、「アウフグース」が気持ちいいです。これはスタッフが1〜2時間に一度、ストーブに水をかけて蒸気を発生させ、タオルを振り回し、サウナに入っている人へ熱風が行き届くようにするものです。

アウフグースの上手な人は「タオルを上から下に素早く振り回すことで、ピンポイントで客に熱風を送る」ことができます。これにはかなりのテクニックが必要で、ドイツにはアウフグースのパフォーマンスを競う選手権があるほどです。

ドイツのサウナに入る際の注意点としては、自分の汗がサウナの床板につかないようにすることです。もちろん日本も同じなのですが、ドイツはさらにこのマナーに厳しいので、座面はもちろん、足の下にもタオルを敷きます。ダラダラと大量の汗を床板に滴らせてしまわないように、タオルは余分に持参したほうが安心です。

なにはともあれ、ドイツでも日本でも、サウナから出るとなんだかスッキリと生き返った気分になります。最近では、この感覚を「整う」と言うそうです。デスクワークの合間にまた行きたくなってしまいました。

あとがき

サウナのくだりでパッと終わって、あれれ?と思いながら、このあとがきを読んでいる方もいらっしゃるかと思います。……皆さま、最後まで読んでいただき、ありがとうございます。

この本『なぜ外国人女性は前髪を作らないのか』は、「読売新聞」のウェブサイト「OTEKOMACHI」の連載「サンドラがみる女の生き方」をまとめたものです。2017年にスタートしたこの連載、当初は「3〜4回」で終わるはずでした。

吉田潮さんの本『産まないことは「逃げ」ですか?』(ベストセラーズ)の刊行記念イベントで、「既婚だけれども、子供を持たない3人」(吉田潮さん、中川淳一郎さん、サンドラ)で対談をしたのですが、それを受けてOTEKOMACHIの当時の大森亜紀編集長から「仕事と出産というテーマで3〜4回書けないか」と声をかけていただいたのが始まりです。このテーマに関心を持っていた私は喜んで引き受けました。ただ実際に書いてみると、「仕事と出産」というよりも、「女性にとって、産まないのも一つの選択肢」というメッセージを含んだ内容になりましたが。……このあたりのことは私自身の経験をメインに本書（3章）にも書かせていただきました。

3〜4回で終わるはずが、書いてみたら「出産以外の女性にまつわるいろんなことについても書いてみたい」と思うようになりました。大森さんに連載を続けられないか聞いてみたところ、ありがたいことにオッケーをいただきました。そこから自分自身のことも含めて「女性のあんなことやこんなこと」について書いているという次第であります。

自分の中で「模索していたこと」や、今まで「なんとなく感じていたことだけれど言葉にできなかったこと」を文章にすることで、自分の頭の中が少しばかり整理された気がします。書いているうちに「ああ、こういうことだったんだ」と勝手に納得したり、自分の中でクリアになったことも。文字にしていくことで輪郭がはっきりしてくるというのでしょうか。

「書く」という目的があったため、必然的に日常生活でもアンテナを張るようになりました。元々人間観察は好きでしたが、ここ数年はそれに拍車がかかり、ちょっと感じ悪い人になっているかもしれません。ただ女性の生き方にまつわるヒントは映画でもなくドラマでもなく、やっぱり身近なところ、そう、周りの女性たちの生きざまから見えてくるものが多いのです。元から男友達よりも女友達のほうが多かったのですが、彼女たちにいろんな質問をしたところ、詳細に答えてくれる人もいて、何かと助けられました。この場を借りて、ありがとう。

日常生活の中でネタを発見することも、そのネタをいったんメモしてから「ああでもない、こうでもない」と考えながら文章を書くのも楽しい作業です。ウェブサイトに新しい記事（コラム）がアップされるたびに、それを読んだ人からSNSなどで感想や反応をもらうことも多く、それらを読むのも楽しみの一つとなっていました。

そんな中、「いつか本にならないかな?」と期待をしていたのも事実で、昨年の夏に本にまとめるお話をいただいた時は「待ってました！　やったー！」という気持ちでした。

本にまとめるということで改めて自分の連載を読み返してみました。「筆者」と「私」を交互に使っていたり、ヨーロッパを指す言葉として「欧州・欧米・ヨーロッパ・ドイツを含むヨーロッパ」などと表現が混在していることに気づきました。本にまとめるにあたって、少しは統一したつもりですが、さてどうでしょう。ちなみに本書で日本についても「日本」だったり「ニッポン」だったりといろんな書き方をしているのですが、私なりのこだわりで後者はより「強調したい時」に使っています。

気軽な気持ちで文章を書き始めた私ですが、「女性の生き方」というテーマを発信する時、その「バランス」が難しいと感じます。私自身は社会の中で女性の地位が高くなることを望んでいるわけですが、それを直球で書くと「フェミニスト系」というあたかも特別であるかのようなジャンルに仕分けられる傾向にありますし、かといって、軽めのテーマや「キラキラしたこと」を中心に書くと、結局は化粧やファッションなどの「表面的なこと」にとどまってしまうという葛藤（かっとう）を抱えることになります。本書では、化粧や脱毛などの美意識にまつわる軽めのテーマについて書きながら、「旦那デスノート」をはじめ結婚や離婚にまつわるシビアな話、女性にとって大切な「避妊の話」なども盛り込んで、私なりの「真ん中へん」を目指したつもりです。いかがでしたでしょうか。

生き方が多様化していると言われている今日、女性にもいろんな選択肢があります。ただ、もどかしいのは、制度上は可能であるはずのものも、時に現実がまだまだ追いついていない部分があること。男女のことでいえば、家事分担しかり育児休業取得しかり。そんな現実を受け止めながらも自分はどのように生きたいのか――。少しでも考えるきっかけになってもらえれば嬉しいです。

最後になりましたが、書籍化にあたり中央公論新社の齊藤智子さんには大変お世話になりました。「OTEKOMACHI」の小坂佳子さん、後藤裕子さん、鈴木幸大さん、田中昌義さん、そして今は東京を離れてしまいましたが、2年以上にわたり私が文章を書く際にいろんなアイディアと刺激をくださった山口千尋さんに深く感謝申し上げます。

2021年2月

サンドラ・ヘフェリン

本書は、WEBサイト「OTEKOMACHI」に連載された「サンドラがみる女の生き方」（2017年10月～2020年7月掲載分）を加筆・修正し収録したものです。

サンドラ・ヘフェリン　Sandra Haefelin

ドイツ・ミュンヘン出身。日本在住23年。日本語とドイツ語の両方が母国語。自身が日独ハーフであることから、「多文化共生」をテーマに執筆活動中。ホームページ「ハーフを考えよう！」を運営。著書に『ハーフが美人なんて妄想ですから!!』（中公新書ラクレ）、『満員電車は観光地!?』（流水りんことの共著／KKベストセラーズ）、『体育会系 日本を蝕む病』（光文社新書）など。

なぜ外国人女性は前髪を作らないのか

2021年2月10日　初版発行

著　者　サンドラ・ヘフェリン

発行者　松田陽三

発行所　中央公論新社

〒100-8152　東京都千代田区大手町1-7-1
電話　販売 03-5299-1730　編集 03-5299-1740
URL http://www.chuko.co.jp/

ＤＴＰ　市川真樹子
印　刷　大日本印刷
製　本　小泉製本

Published by CHUOKORON-SHINSHA, INC.
Printed in Japan　ISBN978-4-12-005385-6 C0095

定価はカバーに表示してあります。落丁本・乱丁本はお手数ですが小社販売部宛お送り下さい。送料小社負担にてお取り替えいたします。